JN435682

中韩双语并读

중국어와 한국어로 함께 읽는

基督教概论

기독교개론

金 柄 兑

김 병 태

序 言

近几年来，我一直为在韩国求学的中国留学生教授基督教概论的课程，所使用的教材，连韩国学生理解起来都有些困难，更何况中国学生了。虽然在课堂上有很多课外的补充和完善，但是还是期望能为中国学生专门写一本浅显易懂的教材，这次终于如其所愿了。由于忙着赶进度，本书还有一些疏漏和晦涩难懂的地方，企盼以后有再次完善的机会。这本书根据学习的需要而编写，有不足之处，望大家指正，我将不遗余力加以完善和改正。

本书是一个学期的课程内容，共分四部，第一部介绍了基督教的概况，第二部的六章主题内容是基督教的历史和现状，介绍了初期基督教的历史背景、诞生与发展过程、世界传播的现状以及中国与韩国的基督教情况。因为中国留学生大多第一次接触有关基督教的详细知识，所以我尽量简单概括地进行论述，当然不可避免地强调了基督教的积极方面。

第三部的六章主题是基督徒的信仰和生活，为对基督教信仰的内在层面有所关心的学生，我温馨介绍了基督教的经典、节期、圣礼、祷告与敬拜、基督教文化和在生活中的信仰表达等内容。在最后的第四部讲解了当一个人决心要成为基督徒的时候，应当如何入门的方法。将这个内容加入大学教材是否妥当，我起初略有犹豫，但还请您不要有负担地稍作了解。

是否接受信仰是个人的决断，从基督教的角度说，这是只有上帝的帮助才有可能的。无论如何，希望这本书能起到抛砖引玉的作用，能对以中国语圈文化为根底的乐意初步了解基督教的国内外学生有所裨益，如果他们愿意对基督教有更深一步的了解更是我求之不得的。

最后，向一直帮助我、为我祷告的培材大学出版社、培材大学教会中国留学生会，还有我的家人致以诚挚的感谢。平安！

2009年　2月

金柄兑 谨献

머 리 말

지난 몇 년 동안 한국에서 공부하는 중국 유학생들에게 기독교 개론을 가르쳐 왔습니다. 그러면서 한국 학생들도 이해하기 쉽지 않은 기독교 개론 교재가 중국 학생들에게는 너무 벅차겠다는 생각을 해왔습니다. 강의 때마다 조금씩 보완해 왔지만, 아주 쉬운 교재를 마련하면 좋겠다는 생각을 이번에 실천에 옮기게 되었습니다. 일정에 맞추어 급히 마무리해놓고 보니, 세심하지 못하고 여전히 어렵기까지 하다는 생각이 듭니다. 그렇지만 다음 기회를 보기로 하고, 필요에 따라 우선 이렇게 펴냅니다. 부족한 부분을 지적해 주시면 여러 기회를 통해 보완하도록 하겠습니다.

본문은 한 학기 분량을 크게 네 부분으로 나누었는데, I부에서는 기독교에 대한 간단한 오리엔테이션을 제시하였습니다. II부의 여섯 장은 기독교의 역사와 현황이 주제입니다. 초기 기독교의 역사적 배경과 탄생과정, 발전과정과 세계적 분포현황, 그리고 중국과 한국의 기독교를 소개하였습니다. 기독교에 대한 자세한 지식을 처음 접하는 유학생들이 대부분이기 때문에 가능한 쉬우면서도 객관적인 서술을 하려고 노력하였습니다. 물론 기독교의 긍정적인 역할이 강조된 것은 어쩔 수 없게 되었습니다.

III부의 여섯 장은 그리스도인의 신앙과 생활을 다루고 있습니다. 기독교 신앙의 내면적인 면에 관심을 갖는 학생들을 위해 그리스도인의 경전과 핵심적인 신앙내용, 절기, 성례, 기도와 예배, 기독교 문화, 그리고 생활 속에서의 신앙적 표현을 가능한 친근하게 소개하고자 하였습니다. 마지막 IV부는 그리스도인이 되고자 할 때 결단하는 방식을 다룬 것인데, 대학 교재에 넣는 것이 마땅한가에 대해 좀 고민이 되었습니다만, 부담 없이 이해하여 주시면 좋겠습니다.

신앙을 받아들일 것인지 말 것인지는 본인이 판단하는 것이고, 기독교적으로 말하면 하나님이 도와주셔야만 가능한 것입니다. 아무쪼록 이 교재를 통해 중국어권 문화를 바탕으로, 기독교에 대한 기초적 이해를 원하는 국내외 학생들에게 조금이나마 도움이 되고 더 깊은 관심이 일어날 수 있다면 더 바랄 것이 없겠습니다. 책이 나오기까지 도움을 주시고 기도해주신 배재대학교 출판부, 배재대학교회 중국유학생회 그리고 가족들에게 감사한 마음을 전합니다.
평화!

2009년 2월

개학을 앞두고　김병태 배상

目录

목차

기독교 개론
基督教概论

第一部 宗教和基督教

제I부 종교와 기독교

第一章　基督教的概况

宗教这一词源自中国的佛教用语，意思是“将所悟真理用言语来表现（教）与教导的最高境地（宗）”。这个词间或出现在佛教经典几次，后来，到了十九世纪末，日本学者在翻译西方的“religion”时借用了这个词。religion源自拉丁语，具有re-legere(重读)或re-ligāre(重捆)的含义，可以解释为：将处于分散处境的人重新凝聚在一起，或是为此对人的原初状态有重新的领悟和体会。

全然关注人类之原本的状态，与我们日常性的关注是截然不同的，因此，宗教对超乎诸如物质、名誉和权力的超越世界有所关心，并称所关注的对象为神、婆罗门（印度教）、安拉（伊斯兰教）、涅磐（佛教）、道（道教/儒教)等等。一些圣人深深沉浸于对这终极关心对象的爱中，于是，在人类历史中兴起了新的宗教运动，他们就是耶稣、释迦牟尼、穆罕默德、孔子等人。

因着他们，历史上源远流长流传下来的有基督教、佛教、伊斯兰教、儒教、印度教和犹太教等世界宗教，被称为历史宗教。正如它们的发祥地不同、时代不同，以此为载体而发展的世界宗教其表达也是形形色色的。经典有所不同，教义有所不同，世界观有所不同、礼仪、共同体的建筑物、制度、艺术表现及宗教的名称也是各具不同的。

图1 释迦牟尼

图2 耶稣

图3 穆罕默德

图4 孔子

제1장 기독교 개황

종교(宗敎)라는 말은 '진리를 파악한 최상의 경지(宗)를 말로 나타내 가르친 것(敎)'으로서 중국 불교에서 간혹 사용되었던 용어인데, 19세기 말 일본의 학자들이 서양의 religion을 번역하면서 빌려 쓰게 되었다. 라틴어에서 유래한 religion은 re-legere(다시 읽다) 또는 re-ligāre(다시 묶다)의 의미를 가지고 있고, 이것은 흐트러진 인간의 상태를 다시 결속시킨다든가, 이것을 위해 본래의 상태를 다시 음미하게 한다는 뜻으로 이해될 수 있을 것이다.

궁극적인 인간 본래의 관심에 사로잡힌 상태는 우리가 일상적으로 관심을 가지고 있는 것들과는 분명 다른 것이다. 그래서 종교는 물질이나 명예나 권력 등을 초월한 세계에 관심을 갖게 하고, 그러한 관심의 대상을 하나님, 브라만(힌두교), 알라(이슬람교), 열반(불교), 도(도교/유교) 등으로 불렀다. 궁극적인 관심대상과의 사랑에 빠져 인류사에서 새로운 종교운동을 일으킨 성자들이 있는데, 바로 예수나 석가모니 또는 무하마드, 공자와 같은 사람들이다.

이들에 의해 역사적으로 발전해 온 기독교, 불교, 이슬람교, 유교, 힌두교, 유대교 등의 세계종교를 역사종교라고 한다. 이들의 출신지역이 달랐고 시대가 달랐듯이, 이들에 의해서 발전된 세계종교의 표현은 모두 다양한 모습을 지니고 있다. 경전과 교리, 세계관이 다르고, 의례와 각 공동체의 건물, 제도, 예술적 표현, 그리고 그 종교의 이름이 다르다.

基督教是从两千多年前活动在巴勒斯坦地区的耶稣之教导、行动、死亡和复活之信仰而来的。耶稣的行迹不过三年而已，但是，今天世界有三分之一的人，相当于二十多亿的人口是基督徒，也就是宣称相信耶稣是基督(希腊语是基督，希伯来为弥赛亚），即救恩之主的人。而且，包括不宣告信仰的人在内，全世界都为耶稣庆祝生日。纪念耶稣诞生的圣诞节，还成了划分公元前后的基准。B.C.是Before Christ即“基督之前”之意，而A.D.则是Anno Domini（拉丁语），即 “主之后”之意。

图5 第一个圣诞情景

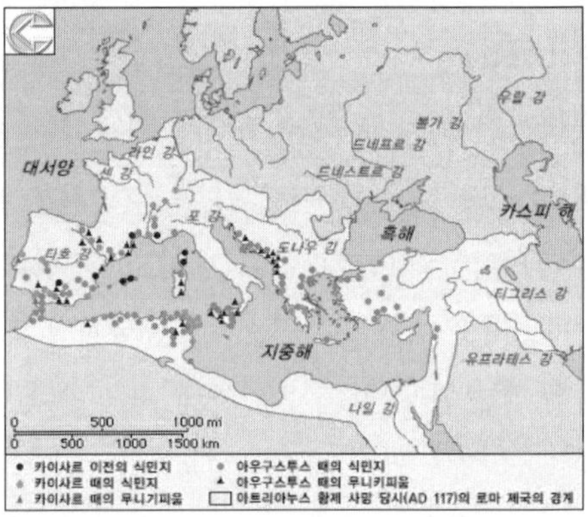

图6 罗马帝国的领土

耶稣的教导原本开始于犹太民族的信仰—犹太教中的信仰更新运动。耶稣是犹太人，耶稣以犹太教的独一神为基础进行教导，新约时代的信徒和初期基督教的人物也都是熟知犹太传统的人，他们手持的经典就是今天的旧约圣经，即希伯来人的圣经。但是，在A.D.70年罗马将军提多洗劫了耶路撒冷之后，基督教就离开了犹大地区，在外邦之地发展壮大，逐渐脱离了犹太教，成长为新的宗教。至此，基督教从巴勒斯坦人的犹太宗教的一个分支转变成为以地中海沿岸为基地的世界性宗教，这是基督教接受以希腊语为载体的希腊思想和罗马政治影响，逐步世界化的过程中实现的。

图7 死海西边的昆兰洞

图8 死海抄本圣经

기독교는 지금으로부터 약 2,000여 년 전 로마의 팔레스타인 지역에 살았던 예수의 가르침과 행적, 사망과 부활신앙으로부터 비롯되었다. 예수의 행적은 3년 정도에 불과하였다. 그러나 오늘날 세계 인구의 1/3에 해당하는 약 20억 이상의 사람들이 예수를 그리스도(헬라어, 히브리어로는 메시아) 즉 구원의 주로 고백하는 그리스도인이다. 그리고 신앙을 고백하지 않는 사람들을 포함해서 전 세계가 그의 생일을 축하한다. 예수의 탄생을 기념하는 성탄절은 기원(紀元) 전후(前後)를 가르는 기준이 되었다. B.C.는 Before Christ 즉 '그리스도 이전'을 가리키고, A.D.는 Anno Domini(라틴어) 즉 '주님 이후'를 가리키는 말인 것이다.

예수의 가르침은 원래 유대교 안에서 신앙개혁운동으로 시작되었다. 예수는 유대인이었고, 예수의 가르침은 유대교의 유일신 신앙에 기초해 있다. 신약시대의 사도들과 초대 기독교의 인물들도 모두 이러한 유대전통에 아주 익숙한 사람들이었고, 그들이 손에 들고 있던 경전은 오늘날의 구약성경인 《히브리인의 성서》였다. 그러나 A.D.70년에 로마의 티투스 장군이 예루살렘을 함락시킨 이후 기독교는 유대지역을 떠나 이방지역에서 발전하면서 점점 유대교로부터 이탈하여 새로운 종교로 성장하였다. 이제 기독교는 팔레스타인 유대교의 한 분파로부터 지중해 연안을 기반으로 하는 세계종교로 옮겨갔다. 그것은 헬라어에 기초한 헬라사상과 로마의 정치적 영향을 수용하여 기독교가 세계화되는 과정을 통해 이루어졌다.

基督教虽然以极快的速度扩展到希腊、罗马及其他地区，但是信仰的核心依然是耶稣的教导和事工。耶稣的确是一位优秀的教师和先知，但是基督徒所相信的耶稣是神本身，远远超越了教师，是神的儿子。这放在希腊的哲学框架里来解释，就是神的儿子披戴了人的形象，为支付人类的罪价而被钉在十字架。并且，他粉碎了罪和死亡的权势，从死里复活，成为一切生命的主宰。

基督徒因相信耶稣是基督，即相信耶稣是救赎主，而成为神的儿女，可以在圣灵的能力下过一个救恩的生活。教会以基督为元首，而基督徒是教会的构成人员，蒙召为要将这个世界改变成为圣洁的世界。神所统治的“神的国度”是呼召所有基督徒、教会和世界面向未来的理想境地。

图9 各种各样的耶稣像

今天，基督教大体上分为天主教、东正教和新教三种，与集中分布在中东与北非的伊斯兰教，以及分布东亚印度的印度教、分布在东亚的佛教有所不同，基督教普遍均匀世界各地。根据2,000年分析的数据—基督徒占亚洲人口总数的3.5%左右这一点来看，基督教在亚洲还依然是少数宗教，但也是一个以最快速度成长的宗教。

기독교는 빠른 속도로 헬라와 로마지역, 그 밖의 영역으로 확산되었지만, 신앙의 핵심은 여전히 예수의 가르침과 행적에 기초해 있었다. 분명히 예수는 훌륭한 선생이요 예언자이다. 그런데 그리스도인은 예수가 선생을 넘어 하나님 자신이요, 하나님의 아들이라고 믿는다. 이것은 헬라의 철학적 틀에 따라 해석되어졌다. 하나님의 아들이 인간의 형상을 입고, 인간의 죄의 값을 대신 치르기 위해 십자가를 졌다는 것이다. 그리고 죄와 사망의 권세를 깨뜨리고 부활하여 모든 생명의 주재(主宰)가 되었다는 믿음이 생겼다.

그리스도인은 예수를 그리스도, 즉 구세주로 믿고 따름으로 말미암아, 하나님의 자녀가 되고 성령의 능력 안에서 구원의 삶을 살 수 있다. 그리스도인은 예수를 머리로 하는 교회의 구성원이 되어 세계를 거룩하게 변화시키는 삶으로 초청받는다. 하나님이 다스리는 '하나님 나라' 는 모든 그리스도인과 교회와 세계를 불러 일으켜서 미래로 나아가게 하는 비전이다.

오늘날 기독교는 크게 보아 카톨릭과 동방정교회, 그리고 개신교로 나누어진다. 이슬람이 중동과 북아프리카, 힌두교가 인도, 불교가 동아시아에 집중되어 있는 것과 달리, 기독교는 전 세계에 고루 분포되어 있다. 2,000년 현재 아시아 전체 인구의 3.5% 정도가 그리스도인인 데서 볼 수 있듯이 상대적으로 아시아에서는 여전히 소수 종교이지만, 아시아에서 가장 빠른 속도로 성장하고 있는 종교이기도 하다.

第二部　基督教的历史和现状

제Ⅱ부 기독교의 역사와 현황

第二章　一世纪的巴勒斯坦和耶稣

要想从新约圣经中分辨出耶稣这一历史人物的实际情况是不容易的。因为新约圣经是由称呼耶稣为基督的信仰宣告者所描写的。因此，在圣经中，较比历史上的耶稣，我们更容易了解到的是一世纪后叶初期教会的信仰需求和特色。今天，重新阅读圣经的我们，也会用我们这个时代的信仰动机来读圣经。这样一来，一不小心就会抛却真实的耶稣，将初期教会或后来者用他们的信仰动机或需要所刻画的耶稣看成是原初的耶稣。因此，有学者说复原最初的耶稣几乎是不可能的，尽管如此，不断地重新回到耶稣的生活和教导里，是基督徒恒常首要要面对的问题。

图10 早期教会的牧童耶稣

图11 早期教会后叶年轻的耶稣

图12 中世纪顶峰期严肃的耶稣

图13 俄罗斯内战时期怜悯的耶稣

图14 埃塞俄比亚的马利亚和耶稣

图15 戴纱帽的耶稣（韩国金基昶）

제2장 1세기의 팔레스타인과 예수

신약성경에서 예수라는 인물의 실체에 대해서 분별해 내는 것은 쉽지 않다. 신약성경은 이미 예수가 그리스도라는 신앙고백을 가진 사람들이 예수를 그려내고 있기 때문이다. 성경을 통해서 더 쉽게 알 수 있는 것은 역사적인 예수보다는 1세기 후반 초대교회의 신앙적 필요나 성격이라고 할 수 있다. 오늘날 성경을 읽는 우리 역시 우리 시대의 신앙적 동기를 가지고 성경을 읽게 되어 있다. 그러다보니 자칫하면 예수 없이 초대교회 또는 그 이후 다른 사람들이 가졌던 신앙적 동기나 그 필요에 의해 박제화(剝製化)된 예수를 원래의 예수로 오해하기 쉽다. 그래서 어떤 학자는 최초의 예수를 실체적으로 복원하는 것이 거의 불가능하다고 하였다. 그러나 그럼에도 불구하고 그리스도인이 모든 일에 앞서서 끊임없이 물어야 할 질문은 예수의 실제 삶과 가르침이다.

众所周知，耶稣出生在罗马殖民地统治下希律时代的一个巴勒斯坦的木匠家庭，圣经用了很多笔墨的渲染与耶稣诞生相关的情景。但是事实上，耶稣的诞生并不是从出生的那一刻开始就这样受到瞩目的。在那个连字都不甚熟悉的时期，谁会记录一个乡村木匠儿子的出生事迹呢？圣经的有关第一个圣诞节的情景描述是后来的作品。只是为了理解耶稣，我们要查看耶稣出生的一世纪巴勒斯坦的社会和文化背景。

图16　耶稣时代的巴勒斯坦

当时巴勒斯坦文化的重要组成部分，是对独一神信仰的传统犹太教(Judaism)和外来的希腊文化(Hellenism)。所谓希腊文化，是在亚历山大大帝(B.C.356-323年)远征印度的过程中，产生于B.C.4世纪后叶的崭新的文化形态。希腊文化在地中海东部地区占有主流文化的地位，直到7世纪阿拉伯帝国征服此地为止。亚历山大大帝死后，帝国分裂，巴勒斯坦地区虽历经很多王朝的统治，但都大多享有宗教上的自由。

예수는 로마 식민지 치하였던 헤롯시대의 팔레스타인에서 목수의 아들로 태어났다고 알려진다. 성경에는 그의 탄생과 관련된 풍경을 아주 목가(牧歌)적으로 그려놓고 있다. 그러나 사실 그의 출생이 출생 당시부터 주목받았다고 생각하는 것은 말이 안 된다. 문자도 익숙하지 않은 시절에 누가 시골 목수의 아들이 태어났다고 기록이나 해놓았겠는가? 성경의 성탄절 풍경은 후대의 작품인 것이다. 그래서 우리는 예수를 이해하기 위해서 그가 출생했던 1세기 팔레스타인의 사회 · 문화적 배경에 대해서 먼저 관찰해야 한다.

당시 팔레스타인의 문화를 주요하게 구성하고 있던 것은, 전통적인 유일신 신앙인 유대교(Judaism)와 외래문화인 헬레니즘(Hellenism)이었다. 헬레니즘이란 알렉산더 대왕(B.C. 356-323년)이 인도 방향으로 정복전쟁을 행하여 가면서, B.C. 4세기 후반부터 나타나기 시작한 새로운 형태의 문화를 말한다. 헬라 문화는 지중해 동쪽 세계에서 7세기 아랍 제국의 정복이 있기까지 지배적인 문화로 남아 있었다. 알렉산더 대왕이 죽은 뒤 제국이 분할되면서, 팔레스타인 지역은 여러 왕조의 지배를 받았지만, 대체적으로 종교의 자유는 허락되었다.

B.C.168年左右，塞琉古王朝试图要把犹太人变成希腊主义者，强制执行反犹太主义的政策。外邦君王想要取缔具有犹太教特色的饮食法规和安息日法规，引起了犹太民众强烈反抗，甚至还成立了短时间的自治政府，但这个自治政府—哈斯摩尼王朝效法希腊，这与争取宗教自由的犹太人的期待大相径庭，结果导致犹太教内部分化，产生了撒都该派、法利赛派、爱色尼派等政治派别，而且一直延续到耶稣的时代。撒都该派是祭司出身的贵族阶层，法利赛派是律法主义者，爱色尼派是旷野的更新运动者，奋锐党是推动激进独立运动的势力。

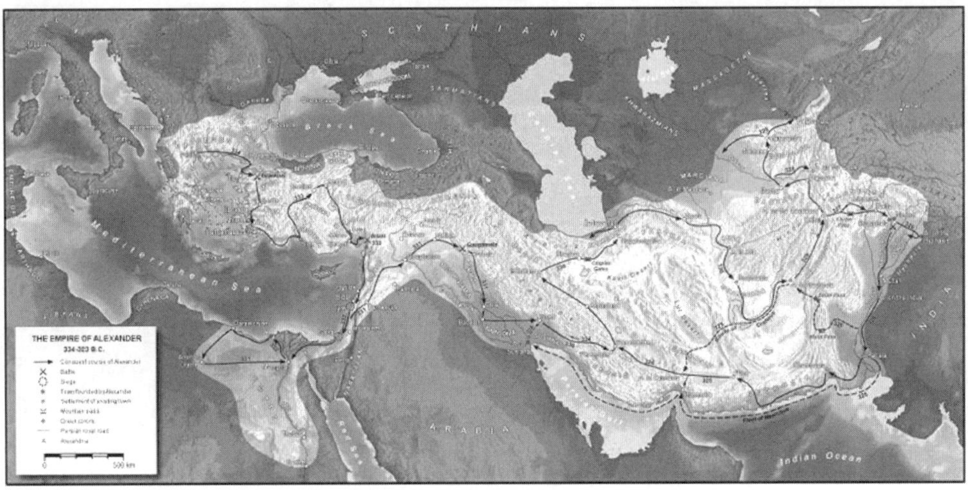

图17 亚历山大大帝时期希腊的统治领域

그러다 B.C. 168년경 셀류시드(Seleucid) 왕조가 유대인을 헬라주의자로 만들기 위해 강제적인 반유대주의 정책을 폈다. 음식법과 안식일법 같은 유대교의 특성을 외국의 왕이 제거하려 하자, 유대 민중의 저항이 일어났고, 짧은 기간 자치 정부가 수립되기도 하였다. 그러나 자치 정부인 하스몬 왕조(Hasmonean Dynasty)는 헬라적인 모습을 닮아갔고, 그것은 종교적 자유를 향한 유대인의 기대와 어긋났다. 그 와중에 사두개파, 바리새파, 엣세네파 등 유대교 내의 정치적 파벌이 탄생하였고, 이것이 예수시대까지 이어져 갔다. 사두개파는 제사장 출신의 귀족계층이었고, 바리새파는 율법학자, 엣세네파는 광야의 갱신운동, 열심당은 급진적 독립운동 세력이었다.

最终，这种混乱的政治状态导致了B.C.1世纪中叶犹大再次被罗马侵略，因此，第二次的希腊化，可以说更为持久的希腊化风波涌入了巴勒斯坦地区。B.C.63年，庞培占领巴勒斯坦，犹太人丧失了哈斯摩尼自治政府，希腊化借助罗马军队的武装力量再次扩展深入到地中海东部的整个世界。希律王(B.C.40-4年)的统治正处于这种希腊化的巅峰。但希律死后，处处兴起了对这种强制希腊化政策的反抗。巴勒斯坦地区的犹太人于A.D.66-74年，A.D.115-117年，A.D. 132-153年，与罗马帝国展开了三次的反抗战争。因为这三场战争导致犹太教遭受致命打击，特别是70年的那一次最为严重，神殿被毁，意味着犹太人丧失了礼拜的场所，即犹太人宗教凝聚的场所。耶路撒冷被毁，犹太教不得不从以耶路撒冷神殿、祭司长为中心的宗教转变为以律法和会堂为中心的宗教了。

耶稣的第一批门徒们都是巴勒斯坦人，而且他们大部分是加利利人。因此，如果要了解历史上的耶稣，就有必要查看一下这个时代的巴勒斯坦人，特别是加利利人金字塔式的阶层构造。一世纪的地中海世界是典型的农业社会，当时的巴勒斯坦的社会经济组织的基础是农民，约占人口总数的百分之七十以上，他们维持了祖先流传下来的生活方式。巴勒斯坦的农民们最关心的的是，在上一个阶层的人抽走了份儿以后是否还剩下足够维持生活的粮食。

图18 庞培

图19 耶路撒冷圣殿被毁

결국 불안정한 정치 상황은 B.C. 1세기 중엽 유다가 다시 로마의 침략을 받게 되는 계기가 되었다. 이로 인해 제2의 헬레니즘화, 더욱 지속적인 헬레니즘화의 물결이 팔레스타인 지역에 밀려 왔다. B.C. 63년 폼페이우스(Pompeius)는 팔레스타인을 정복했다. 유대인은 하스몬 자치 정부를 상실했고, 로마 군대의 군사력에 힘입어 헬라문화는 지중해 동부 세계 전역으로 확산되어 갔다. 헤롯 대왕(B.C.40-4년)의 통치는 그러한 헬라화의 정점이었다. 그러나 헤롯이 사망한 뒤 강압적인 헬라화 정책에 대한 반발이 곳곳에서 일어났다. 팔레스타인 지역에서 유대인은 로마 제국과 A.D.66-74년, A.D.115-117년, A.D. 132-153년까지, 세 차례에 걸쳐 유대-로마 전쟁을 벌였다. 이 전쟁으로 유대교는 연쇄적인 파국을 맞았고, 특히 70년의 성전 파괴는 가장 치명적인 타격이었다. 왜냐하면 성전의 파괴는 유대인에게 예배할 장소가 없게 됨을, 즉 유대인이 종교적으로 단결할 장소가 없게 됨을 뜻하기 때문이었다. 예루살렘 성전의 파괴로 인해 유대교는 예루살렘 성전과 제사장 중심의 종교에서 율법과 회당 중심의 종교로 변하지 않을 수 없게 되었다.

예수의 첫 제자들은 모두 팔레스타인 사람이었으며, 그중 대부분은 갈릴리 출신이었다. 그러므로 역사적 예수를 이해하려면, 이 시대 팔레스타인, 특히 갈릴리의 피라미드식 사회 계층 구조를 살펴볼 필요가 있다. 1세기 지중해 세계는 산업화 이전의 전형적인 농업 사회였나. 따라서 당시 팔레스타인의 사회경제적 조직의 기초에는 농민이 있었다. 이들은 전체 인구의 약 70퍼센트 이상을 차지했으며, 조상 대대로 내려온 생활 방식을 유지하였다. 팔레스타인 농민들의 가장 주된 관심사는 그들보다 상위의 계층에 속한 사람들이 자신들의 몫을 가져간 후에도 과연 생활을 유지할 만큼의 식량이 남아 있을까 하는 것이었다.

图20 加利利湖的风景

图21 加利利湖边山坡

与农民处境差不多的人群是“农村无产阶级”（rural proletariat），也就是相当于打零散工的劳动者、手工艺者、山贼等人。他们从前是农民，与农民感同身受，但由于经济的没落，受到经济上的和社会上的压迫，过着一个比农民还要不安定的生活。还有属于与农民相似的阶层人群，就是地方上的工匠，约占人口总数的百分之三到百分之七，他们为他人提供基本的农具和家具，其中只有部分拥有特别技术的人才能将产品卖给城市贵族消费者，而大部分工匠的常客是那些勉强维持生计的人们，耶稣就是这些乡村工匠中的一个木匠。

农民的上一阶层是商人，他们大部分是奴隶或得以释放的奴隶，与贵族阶层和从前的主人维持紧密的主人与平民的关系。贵族阶层把与课税不相关的商业大部分交给他们手下的奴隶或是释放了的奴隶来经营，从中渔利。除此之外，就是称为“家宰”的官僚、公务员、职业兵和直接从事宗教事务的人，他们是扩张贵族阶层权力的一个行使工具的阶层。耶稣时代，这些家宰几乎都是犹太人，地方法官、行政人员、下属税吏、替主人管理土地的管家等，都出现在圣经里面，大部分的家宰是罗马帝国的傀儡，靠搜刮民众为自己敛富。例如，税吏们为统治者罗马帝国抽很多的税，榨取同胞血汗，是罗马帝国的傀儡。因为他们靠诈取殖民地百姓的民脂民膏致富，遭到同族的唾弃。而罗马帝国又靠着他们的傀儡—在殖民地所设的税吏的榨取行为来维持财富。

농민과 유사한 처지에 있는 사람들은 '시골 프롤레타리아'로서, 떠돌이 일당 노동자, 떠돌이 기술자, 부랑하는 무장세력 등이 이에 해당했다. 이들은 이전에는 농민이었다가 경제적으로 몰락한 사람들로서, 농민 계층과 정서가 통했으며, 경제적 사회적 압박으로 말미암아 농민보다 더 불안정한 삶을 영위해야 했다. 또한 농민과 유사한 수준의 계층에 속한 사람으로 지방의 장인(匠人)이 있었다. 이들은 전 인구의 약 3-7퍼센트를 차지했고, 기본적인 농기구와 가재도구를 공급했다. 그중 특별한 기술을 보유한 사람들은 도시의 고급 소비자들에게 물건을 팔 수 있었지만, 대부분 장인의 고객은 최저 생계를 겨우 유지하는 사람들이었다. 예수는 이러한 시골 장인 중 한 사람 즉 목수였다.

농민 계층 바로 위에는 상인 계층이 있었다. 상인들은 대부분 노예나 해방된 노예였고, 이들은 엘리트 계층의 사람들과 옛 주인-평민 관계로 긴밀하게 연결되어 있었다. 엘리트 계층은 과세와 관련이 없는 상업의 대부분을, 그들의 노예 또는 해방된 노예를 통해 경영하여 수익을 얻었다. 그밖에 '가신(家臣)들'이라고 불리는 관료, 공무원, 직업 군인, 직업 종교인들이 있는데, 이들은 엘리트 계층의 권력을 확장하는 도구 구실을 한 계층이었다. 예수 시대에 이러한 가신들은 거의 모두 유대인이었고, 지방 재판관 및 행정가, 하급 세리들, 땅주인 대신 땅을 관리하던 청지기 등으로 성경에 등장한다. 대부분의 가신은 식민지 수탈 행위로 로마 제국의 부를 유지시키는 로마의 하수인에 불과했다. 예를 들어 세리(稅吏)들은 지배자인 로마 제국을 위해 많은 세금을 거두어 같은 동족을 착취하는 로마 제국의 하수인 노릇으로 부자가 된 식민지 수탈 행위 때문에 동족들에게 경멸을 받은 자들이었다. 즉, 로마 제국은 그들의 하수인인 식민지 세리들의 착취 행위로 부를 유지했던 것이다.

处于巴勒斯坦社会最高阶层的是城市贵族，他们不过占人口总数的百分之三而已，他们的身份是靠巴勒斯坦的希腊城市化和希律王分封的土地而获得的。因此，他们不为自己的同族犹太人寻求利益，而是向以东人希律和罗马帝国提供很多利益，只有这样才能维持自己的地位和身份。他们的收入主要来自土地税或商业利润，并利用官僚阶层榨取农民。

一世纪，巴勒斯坦是罗马帝国的殖民地，而罗马帝国靠它的军事力量维持的国家。被称为legion的罗马军团在地中海沿岸发挥了势不可挡的力量，罗马帝国的军团是纯粹由罗马市民组建的重武装步兵团。B.C.63年庞培杀害了一万两千名犹太人，围困耶路撒冷三个月，最终占领了耶路撒冷城。进城之后，他擅自闯进禁止外邦人出入的圣所—耶路撒冷圣殿的至圣所。随即，被罗马吞并的巴勒斯坦经历了政治上的混乱，罗马帝国镇压式的统治引起了民众的判乱，为了惩制判乱的民众，巴勒斯坦开始公开执行十字架酷刑。

팔레스타인 사회의 최상위 계층은 도시 엘리트로서, 전체 인구의 3퍼센트에 불과했다. 이들의 신분은 팔레스타인이 헬라적으로 도시화되면서, 또 헤롯 대왕이 자신의 지지자들에게 토지를 나누어 주면서 그 결과로 생긴 것이었다. 따라서 이들은 유대인 동족보다는 에돔 사람인 헤롯왕과 로마 제국에게 많은 유익을 제공해야만 자신의 지위를 유지할 수 있었다. 이들의 수입은 주로 토지세나 상업이익에서 나왔고, 관료 계층을 이용해 농민을 착취하였다.

1세기 팔레스타인은 로마 제국의 식민지였고, 로마 제국은 군사력으로 유지되는 사회였다. 레기온(legion)으로 불리는 로마의 군단(軍團)은 지중해 연안에서 막강한 힘을 발휘하였다. 로마 제국의 레기온은 로마 시민만으로 구성된 중무장 보병이었다. B.C. 63년 폼페이우스는 1만 2천 명의 유대인을 학살하고, 3개월간의 포위작전 끝에 예루살렘을 점령하였다. 점령 후에 폼페이우스는 이방인의 출입이 금지된 성스러운 공간인, 예루살렘 성전의 지성소(至聖所)에 들어갔다. 이후 로마에 병합된 팔레스타인은 로마 제국의 폭압적인 통치와 그로 인한 민중 반란, 그리고 민중 반란에 가담한 자들에 대한 보복으로 십자가형이 공개적으로 집행되는 정치적인 혼란을 겪었다.

就在这样的时代背景下，耶稣作为极有领袖气质的人物出现，其难以言表的影响力，紧紧地吸引了追随他的人，又让敌对的人不无瞠目结舌。耶稣所谈的各种精辟的警句给人留下了深刻的印象，这更增添了他领袖形象的色彩。他的警世名言简短独特，长久地留在民众的记忆中。这是耶稣对付那些占有权利的阶层势力最为重要的武器，他们沉迷于迂腐的日常世界观，读不懂新时代的征兆。

耶稣还是先知，先知就是传达神话语的讲道者。耶稣作为先知，发出了终末论式的宣讲，其中心信息是“神国”救恩的信息。耶稣宣告说神的统治已经开始了，在人子不知道的时候将要来临，让人们做好准备(太24:33-44)，他还宣布说除了神以外没有人知道神国来临的时间。

图22 无知的财主(Rembrandt,1627)

图23 治好生来瞎眼人的耶稣(El Greco,1577)

如果说神的国即神的统治是耶稣讲道的中心的话，那么医治、赶鬼就是耶稣活动的中心，耶稣兴起奇妙大事，医好病人，驱除污鬼。像当时在场的犹太人们一样，研究历史上的耶稣的近代学者们，对耶稣的神迹感到困惑万分。他们在很多古老传承记录中，都看到了有关耶稣神迹的描写，这是无法轻易否认。耶稣的神迹是具体的，有物质上的帮助，有医治疾病方面的帮助。

그와 같은 시대 배경 속에서 예수는 엄청난 카리스마(charisma)적 존재로 등장하였다. 그에게는 설명하기 어려운 영향력이 발휘되어 추종자들을 매료시키고, 적대자들을 당황하게 했다. 예수가 종종 구사했던 재치 있는 경구(警句)는 사람들에게 깊은 인상을 남겼고 그의 카리스마를 더해 주었다. 그의 경구는 짧고 독특한 표현으로 말미암아 민중의 기억에 오래도록 남았다. 그것은 낡은 일상적 세계관에 얽매여 새 시대의 징조를 읽지 못하는 기득권 세력에게 대항하는 예수의 가장 중요한 무기였다.

예수는 또한 예언자(預言者)였다. 예언자로서, 즉 하나님의 말씀을 전하는 설교자로서 예수는 종말론(終末論)적 선포를 했는데, '하나님의 나라' 에 대한 구원의 메시지가 그의 종말론적 선포의 중심이었다. 예수는 하나님의 나라, 즉 하나님의 통치가 이미 시작되었다고 말함과 함께 사람의 아들(人子)은 생각하지 못할 때에 올 것이니 준비하고 있으라는 설교(마 24:33-44)를 통해 하나님의 나라가 하나님 외에는 알지 못하는 때에 올 것이라고 선포한다.

하나님 나라, 즉 하나님의 통치가 예수 설교의 중심이라면, 치유(治癒)와 귀신 축출(逐鬼)은 예수 활동의 중심이다. 예수는 병자를 고치고, 귀신을 쫓아내는 기이한 일을 일으켰다. 그 당시 유대인과 마찬가지로 역사적 예수를 연구했던 근대의 역사 연구가들은 예수의 기적(奇蹟)에 대해 곤혹스러워 했다. 예수의 기적을 다룬 전승(傳承)은 수없이 많은 옛 전승 층(傳承層)에서 확인되고 있기 때문에, 쉽게 무시할 수 없다. 예수의 기적은 구체적이고 물질적인 도움, 질병을 치유하는 도움을 주려고 했던 것이었다.

图24 五饼二鱼

在耶稣所传讲的内容中，尤为让人记忆深刻的是“比喻”和简短如诗的故事，学识低的人也能很好地理解这个比喻。耶稣通过比喻告诉人们：人在神的面前有无限的责任，所有的人都应该认识这个责任，应该下决断交出自己的整个生命，而现在就要下这个决断，这是因为救恩和审判临近了的缘故。

耶稣所做的伦理性教导，是为了那些完全顺从神旨意的人预备的。他所有的教导都是建立在犹太律法妥拉(Torah)的基础上，他认为爱神、爱邻舍是妥拉的核心。但是，耶稣还将这个诫命应用到仇敌、外邦人和被宗教冷落的人身上。为了救生命，耶稣甚至允许在安息日劳动。耶稣与他的跟随者一起，能从利用日常生活义务来缠累人的社会暴力中获得自由。

图25 回家的浪子(Rembrandt,1669)

图26 好撒马利亚人(金基昶)

예수의 말 중 인상적인 것은 '비유(比喩)'로, 짧고 시적(詩的)인 이야기이다. 학력이 낮은 사람도 이 비유를 듣고 잘 이해할 수 있었다. 비유를 통해서, 예수는 사람이 하나님 앞에서 무한한 책임을 지니고 있고, 모든 사람이 그 책임을 의식하면서 자신의 삶 전체를 던지는 결단을 할 수 있어야 한다고 보았다. 그 결단을 지금 촉구하는 이유는 구원과 심판이 가까이 왔기 때문이다.

예수가 가르친 윤리적 교훈은 하나님의 뜻에 완전하게 순종하는 사람을 위한 것이었다. 그의 모든 가르침은 유대 율법인 토라(Torah)의 기반 위에 있었고, 그는 하나님을 사랑하고 이웃을 사랑하라는 두 계명을 토라의 핵심이라고 보았다. 그런데 예수는 그 계명을 적들과 이방 사람들과 종교적으로 소외된 자들에게까지 적용되는 것으로 발전시켰다. 사람의 생명을 구하는 경우에는 안식일에 일하는 것도 허용하자고 하였다. 이렇게 함으로써 예수와 예수를 따르는 무리들은, 당시 일상의 의무를 강요함으로써 사람을 길들이려고 했던 사회적인 세력으로부터 자유로울 수 있었다.

在称为“最后的晚餐”上，也就是耶稣与门徒最后共进晚餐的饭桌上，耶稣为创设新祭仪预备了机会。在逾越节庆典开始的前一天，在简单素朴的宴席上，耶稣一边将饼和葡萄酒分给门徒，一边称之为“新约”之庆典，并命令门徒也如此遵行。耶稣和他的门徒设立晚餐仪式代替从前的祭祀仪式。耶稣在十字架上受死后，使徒们将耶稣的死解释为流血的祭物，即设立新约的祭物，这种解释成为圣晚餐的基础。

图27 最后的晚餐(Champaigne, 1652)

图28 基督的受死(Caravaggio, 1603)

耶稣的死，是被罗马势力的暴力所害。耶稣与两名强盗一同受十字架的刑罚，这一事件意味着，耶稣在罗马人的眼里看来是一个危险的人物。当时罗马帝国施行十字架酷刑的对象是政治叛乱者和反抗的奴隶。例如，曾是竞技场角斗士的斯巴达克斯，在B.C.70年左右掀起反对罗马帝国的起义，最后以失败告终，跟随他的六千名起义者都被钉在通往罗马的阿皮阿大道边的十字架上。耶稣之所以受刑，也是因为他履行了先知的责任反对当时统治的秩序的缘故。事实上，罗马总督彼拉多在耶稣的十字架上钉了一个牌子，上面写着“犹太人的王”，判定耶稣是反对罗马帝国统治秩序的人。

'최후의 만찬' 이라고 불리는, 제자들과의 마지막 식사에서, 예수는 새로운 제의(祭儀)가 창시되는 계기를 마련하였다. 유월절 축제가 시작되기 전날에 나누었던 조촐한 식사에서, 예수는 빵과 포도주를 나누며 이를 '새 언약' 의 축제로 해석하였으며, 사도들에게 이를 행하라고 하였다. 예수와 제자들은 이 식사가 공식적인 제의를 대체하는 의식으로 여겼다. 예수가 십자가에서 죽은 후, 사도들은 예수의 죽음을 피의 제물, 즉 새로운 언약을 세우기 위한 제물로 해석하였고, 그 해석이 성만찬의 토대가 되었다.

예수의 죽음은 로마 권력의 물리적 폭력에 의해 살해당한 것이다. 예수가 두 명의 강도와 함께 십자가 처형을 당했다는 사실은 로마인의 눈에 그가 위험한 인물로 보였음을 뜻한다. 당시 로마 제국의 십자가 처형 대상은 정치적 반란자와 반항적인 노예, 두 유형으로 나뉘어 있었다. 예를 들어 스파르타쿠스(Spartacus)는 검투사(劍闘士) 출신으로 B.C. 70년경 로마 제국에 반란을 일으켰다가 실패하였는데, 그의 추종자 6천 명은 로마로 향하는 아피아(Apia) 가도(街道) 위에서 십자가 처형을 당하였다. 예수의 처형이 일어난 이유도 당시 지배 질서에 반대하는 사회적 예언자 역할을 수행했기 때문이었다. 실제로 로마 총독 빌라도는 예수의 십자가에 '유대인의 왕' 이라는 팻말을 매달아서 예수를 로마 제국의 통치 질서에 반대하는 자로 규정했다.

耶稣在十字架上受死，从死里复活后，最先向彼得或抹大拉的马利亚显现，之后向其他的门徒显现。耶稣活着！众门徒心中有了确信，他们获得复活信仰之后开始重新解释耶稣和他的生活。他们承认耶稣是弥撒亚。唯有耶稣是门徒根本无法预见的弥赛亚，即受苦的救世主。

如此，基督教信仰从犹太教的一个形态，即从相信耶稣是弥赛亚的弥赛亚式犹太教开始的。有关耶稣的故事，成为了基督教身份的基础。不管从历史的角度看，还是从神学的角度上来看，耶稣都属于犹太教，而犹太人将他们所相信的耶稣当作基督教的基础。因此，今天耶稣属于在他死后各自朝着不同方向独立发展的两个宗教里面。

图29 象征苦难和殉道的杨贵妃花

图30 复活的耶稣(Rembrandt, 1638)

십자가에서 죽은 뒤, 예수는 가장 먼저 베드로 혹은 막달라 마리아에게 나타났다. 그 뒤로 다른 제자들에게도 나타났다. 제자들은 예수가 살아 있다는 확신을 갖게 되었다. 제자들은 예수라는 인물과 그의 삶을, 그들의 부활 체험 이후에 새롭게 해석하게 되었다. 그들은 예수가 메시아였음을 인정했다. 다만 예수는 제자들이 전혀 예견하지 못했던 메시아, 즉 고난 받는 구세주였다.

이처럼 기독교 신앙은 유대교의 한 형태, 즉 예수를 메시아로 믿는 메시아적 유대교로 출발하였다. 예수에 대한 이야기는 기독교 정체성의 토대가 된다. 역사적으로나 신학적으로 예수는 유대교에 속해 있다. 또한 유대인들은 그들이 믿었던 예수를 기독교의 터전으로 삼았다. 이로써 오늘날 예수는 자신의 사후(死後)에 각기 다른 방향으로 독립적인 발전을 한, 두 종교에 속하게 된다.

第三章 基督教的诞生

原本因为老师无能为力的受死而处于极度恐慌当中门徒们，因为对耶稣的复活有了确信，态度发生了一百八十度的大转变。他们目睹了耶稣的复活，完全转变成为新的人。并且亲身经历了五旬节的圣灵充满之后，等他们再读旧约圣经的时候，就领悟到耶稣的死是在“神救恩计划”之内的。门徒们宣告说耶稣就是旧约所应许的弥赛亚，是神的儿子。通过五旬节圣灵降临的事件，他们认识到复活的主现在就住在他们的里面。（徒 2:1-4）

图31 五旬节的圣灵降临(Restout，1732)

제3장 기독교의 탄생

스승이 무력하게 처형된 후 공포에 떨고 있던 제자들이 부활의 신앙을 갖게 되면서 극도의 반전(反轉)이 일어났다. 예수의 제자들은 예수의 부활을 목격하고 완전한 새 사람으로의 변화를 경험했다. 그리고 오순절(五旬節)을 거치면서 성령체험을 경험한 제자들은 구약성서를 다시 읽으면서 예수의 죽음이 '하나님의 구원계획' 안에 있었음을 깨닫게 되었다. 제자들은 예수가 구약성서에서 약속한 메시아이며 하나님의 아들이었음을 고백하게 되었고, 성령강림을 통하여 이 부활하신 분이 지금도 그들 안에 현존(現存)하고 계심을 체험하게 되었다.(행 2:1-4)

再次回想耶稣十字架的受死事件，是犹太的宗教领袖和罗马的统治者合谋用“亵渎神”的宗教名义和“煽动民众叛乱”的政治罪名处死耶稣的。但是，从最后的晚餐到十字架的路途，都将耶稣的身份典型地表现出来。门徒们吃了象征耶稣的血和肉的葡萄酒和饼之后，耶稣被彼拉多和希律审判，钉死在十字架上，这些都是一系列表明最高宗教的逆说过程，显著地表现出神选择软弱的人使他得刚强的方式。

图32 最后的晚餐(Bouts, 1467)

图33 十字架上的基督(Champaigne,1655)

门徒们想起了耶稣所有的教导都集中在神主权得以实现的“神国”上。虽然耶稣的复活事件是使基督徒告白耶稣是基督的契机，但是耶稣复活事件绝对离不开十字架的事件。而且当想到耶稣十字架的受死就是他生活的延长线的时候，构成他生活和宣扬中心的“神国”就成为了我们理解耶稣的开启之钥。耶稣所教导的祷告也如此说：“愿你的国降临，愿你的旨意行在地上如同行在天上”（太 6:10）。

그리고 예수의 십자가 사건을 다시 회상하였다. 그것은 유대의 종교지도자들과 로마의 지배자들이 공모하여 '신성모독' 이라는 종교적인 이유와 '민중선동과 반란' 이라는 정치적인 이유로 예수를 처형한 것이었다. 그러나 최후의 만찬으로부터 시작되는 십자가의 행렬을 통해 그의 신분은 이미 가장 전형적으로 드러났다. 제자들은 예수의 살과 피를 상징하는 포도주와 떡을 먹었고, 예수는 빌라도와 헤롯의 재판을 거쳐 십자가에 못 박혀 죽었다. 이것은 최고의 종교적 역설(逆說)을 보여주는 일련의 과정이 되었다. 약한 자를 들어 강하게 하시는 하나님의 방식이 전형적으로 드러난 사건이 되었던 것이다.

제자들은 예수의 모든 가르침은 하나님의 주권이 실현되는 "하나님 나라" 의 선포에 집중되었음을 기억했다. 그리스도인들이 예수를 그리스도로 고백한 계기는 부활사건이었지만, 부활은 예수의 십자가 사건과 죽음을 떠나서 있을 수 없는 일이며, 십자가의 죽음은 곧 그의 삶의 연장선상에서 있었음을 생각할 때, 그의 삶과 선포의 중심을 이루고 있는 "하나님 나라" 는 예수를 이해하는 열쇠가 된다. 예수가 가르쳐 준 기도는 "나라이 임하옵시며 뜻이 하늘에서 이룬 것같이 땅에서도 이루어지이다." (마 6:10)라고 말하고 있는 것이다.

他的事工是如何开始的呢？门徒们还回想到耶稣的整个事工过程。耶稣刚开始他的公生涯生活的时候，施洗约翰在约旦河为众人施洗。施洗约翰大声疾呼说：“当悔改，结出果子与悔改的心相称”，还说自己是“为主预备道路的人”，并且，他指着耶稣说“神的羔羊”，施洗约翰不敢为耶稣施洗，想要拒绝他，但是耶稣还是从施洗约翰那儿受了洗。当耶稣受了洗从河里站起来的时候，天上有声音说：“这是我的爱子，我所喜悦的”，从那时开始，神就明确地告诉世人耶稣就是弥赛亚。

图34 受洗的耶稣(金基昶)

图35 在旷野里的基督(Ivan Kramskoy, 1873)

耶稣从施洗约翰那里受了洗以后，在旷野禁食四十天，受魔鬼的试探。一开始魔鬼诱惑耶稣把石头变成饼吃，但是耶稣用“人活着不是靠饼，乃是靠神口出的一切话”来抵挡；第二次魔鬼又诱惑耶稣从圣殿顶上跳下去，耶稣回答说：“不可试探主你的神”，第三次，魔鬼试探说要把整个世界都给耶稣，耶稣回答说：“要单单敬拜主你的神”。借此，耶稣抵挡了一切经济上的、神迹异能上的、宗教政治上的种种诱惑，站在了神的一边，选择了单单爱真理与正义的道路。

그의 사역이 어떻게 시작되었던가? 제자들은 또 예수의 모든 사역에 대해 회상하게 되었다. 예수가 공생애를 시작할 즈음에 요단강에서는 세례 요한이 많은 사람들에게 세례를 베풀고 있었다. 세례 요한은 사람들에게 "회개하고 회개에 합당한 열매를 맺으라" 고 외쳤다. 그리고 자신은 "주의 길을 예비하는 자" 이며, 예수를 가리켜서 "하나님의 어린 양" 이라고 말하였다. 그리하여 세례 요한은 감히 하지 않으려고 했지만, 예수는 세례 요한에게 세례를 받았다. 세례를 받고 강에서 올라 올 때에, 하늘에서 "이는 내 사랑하는 아들이요 내 기뻐하는 자이다" 라는 소리가 들렸다. 이때로부터 예수는 메시아 곧 그리스도임을 세상에 분명히 알렸다.

예수는 세례 요한으로부터 세례를 받은 후 40일 동안 광야에 나가서 금식을 하면서 마귀의 시험을 받았다. 맨 먼저 광야의 돌을 가지고 떡을 만들라는 요청을 받았지만, "사람이 떡으로만 살 것이 아니요 하나님의 입으로부터 나오는 모든 말씀으로 살 것이라" 고 대답했다. 두 번째는 성전 꼭대기에서 뛰어내리라는 것이었지만, "하나님을 시험하지 말라" 고 대답했고, 세 번째 시험은 마귀에게 절하면 세상 모든 것을 주겠다는 것이었지만, "오직 하나님만을 경배하라" 고 대답하였다. 그리하여 예수는 경제적인 유혹, 기적에 대한 유혹, 종교나 정치적인 유혹을 모두 물리치고, 오직 하나님의 편에 서서 진리와 정의를 사랑하는 길을 선택하였다.

后来，在约三年的时间里（27-29年间），耶稣行走于加利利、撒马利亚和犹大等巴勒斯坦全地，广施爱的神迹。同时他还设立十二门徒，这是与过去十二支派的以色列作对比，有开创新的以色列之意。特别是，他拣选了渔夫出身的彼得、雅各和约翰做了大弟子。耶稣对门徒的教导从他为门徒们洗脚的行动中典型体现出来。正如对某个年轻的财主所说的话一样，耶稣教导说，要把自己的财产分给穷人，并成为实践耶稣教导的门徒，才能进入天国。

图36 耶稣见面门徒(金基昶)

图37 为门徒洗脚的耶稣(Tintoretto)

耶稣邀请人进入天国，这天国是在现在和将来要实现的天国在个人的心灵和共同体里面的天国。同时耶稣还邀请人“借着水和圣灵重生”（约3:3）。这不是属世的方法，唯有蒙受神恩典重生的人才能进入这个国度。被这个世界秩序冷落疏远的、苦苦期待神统治来临的人们都聚集在耶稣的周边。耶稣接着又进一步宣告说：“我来不是召义人，乃是召罪人”（可2:17），为了寻找迷失的羊、失丧的儿子，耶稣直接将天上的宴席亲自显明在这个地上。

图38 撒马利亚妇人(Duccio, 1308-11)

图39 耶稣找到迷失的羊

이후 예수는 약 3년 동안(27-29년 사이) 갈릴리와 사마리아, 유다 등의 팔레스타인 전역을 다니면서 진리를 가르치고 사랑의 기적을 베풀었다. 동시에 12명의 제자들을 두었는데, 이것은 과거에 12부족으로 이루어졌던 이스라엘과 비교해서 새로운 이스라엘이 시작되었다는 의미를 갖는다. 특히 어부 출신의 베드로와 야고보, 요한은 그의 수제자가 되었다. 제자들을 향한 예수의 가르침은 제자들의 발을 씻겨주는 행동 속에 전형적으로 나타났다. 예수는 어떤 청년 부자에게 말한 것처럼, 자기의 모든 재산을 다 정리하고 예수의 가르침을 실천하기 위해 제자가 됨으로써 하늘나라에 들어갈 수 있다고 말하였다.

개인의 심령과 공동체 안에서 지금 또는 장차 이루어질, 이 나라에 초청을 하면서, 예수는 "물과 성령으로 거듭날 것" (요 3:3)을 요청하였다. 그것은 세상적인 방식이 아니라, 오직 하나님의 은혜를 입어 새롭게 태어난 사람이라야 들어갈 수 있는 나라일 것이다. 세상 질서에서 이미 소외되어 하나님의 통치를 고대하는 사람들이 예수의 주변에 모여 들었다. 한발 더 나아가서 예수는 "내가 의인을 부르러 온 것이 아니라 죄인을 부르러 왔다." (막 2:17)고 선언하였고, 잃은 양, 잃은 아들을 찾아 하늘에서 벌이는 잔치를 자신이 직접 지상에서 보여주었다.

因此，从这个地上开始，耶稣就开展了一系列让人体验天国的事件。税吏撒该就听到了耶稣“今天救恩必到了这家”(路19:9)的宣告，但是，耶稣与税吏和罪人一起吃喝的场面，引起了社会的轩然大波，对耶稣和他的教导有嫌隙的人开始指责耶稣，法利赛人和文士也开始投诉耶稣，而十字架和复活的事件正是在这敌视的延续，这也都在神的计划当中。

图40 撒该的桑树

图41 《使徒行传》第2章

结合这种经验和宣告的信仰共同体诞生了，那就是教会。耶稣的神国运动现在被教会所继承，而初期教会就全然成了神国的模特。他们是“都恒心遵守使徒的教训，彼此交接、擘饼、祈祷”(徒 2:42)的人，是想要成为“信的人都在一处，凡物公用，并且买了田产、家业，照各人所需用的分给各人。天天同心合意恒切地在殿里，且在家中擘饼，存着欢喜诚实的心用饭，赞美神，得众民的喜爱”(徒 2:44-46)的人群。

그리하여 이 땅에서부터 하나님의 나라를 맛보는 일이 벌어졌다. 세리 삭개오는 "오늘 구원이 네 집에 이르렀다." (눅 19:9)는 선언을 들었던 것이다. 그러나 세리와 죄인들이 예수와 함께 먹고 마시는 광경이 잦아지면서 사회적 파문이 일어났다. 예수의 그와 같은 설교에 거리낌을 가진 사람들은 예수를 비난하기 시작하였고, 급기야 바리새인과 서기관들은 예수를 고소하기 시작하였다. 십자가와 부활의 사건은 바로 그 연장선상에서 일어난 것이었고, 그것은 하나님의 계획 속에 있는 것이었다고 고백되었다.

이러한 체험과 고백을 함께하는 신앙공동체가 탄생하게 되었으니, 그것이 바로 교회인 것이다. 예수의 하나님나라 운동은 이제 교회를 통하여 계승되었다. 초대교회는 몸소 하나님나라의 모델이 되었다. 그들은 "사도의 가르침을 받아 서로 교제하며 떡을 떼며 기도하기를 전혀 힘쓰는" (행 2:42) 자들이었고, "모든 물건을 서로 통용하고 또 재산과 소유를 팔아 각 사람의 필요를 따라 나눠주고 날마다 마음을 같이 하여 성전에 모이기를 힘쓰고 집에서 떡을 떼며 기쁨과 순전한 마음으로 음식을 먹고 하나님을 찬미하며 또 온 백성에게 칭송을 받는" (행 2:44-46) 사람들이 되고자 하였다.

初期教会为持守这种对神国的盼望，忍受迫害，司提反执事的死是殉道的开端。发生在A.D.64年左右尼禄皇帝的迫害和A.D.90-95年左右的戴克理先(Diocletian)皇帝时期的迫害，还有A.D.250年以后的最后一次迫害期间，很多初期教会的基督徒用生命捍卫信仰。新约圣经《希伯来书》、《彼得前书》和《约翰启示录》等就是为了鼓励处于迫害时期的基督徒而写的。初期教会的基督徒们认为殉道是直接参与主耶稣被钉十字架而死的痛苦，是极大无比的荣耀，他们在患难中也没有称呼罗马皇帝为主，而是单单称呼耶稣为他们的主(κυρ ι οs) 。

图42 加利利五餅二鱼教堂的马赛克

图43 殉道的司提反(Rembrandt , 1625)

“鱼”的希腊语‘IXΘYΣ(ιχΘυς)’，就是“耶稣基督神的儿子救世主”这句话的希腊语头一个字母的组合，是基督徒在地下洞穴(Catacomb)做礼拜的时候使用的暗号。斯米尔纳的波利卡普(Polycarp)主教一边走上刑场殉道，一边呼喊说：“八十六年来，我一直是耶稣基督的仆人，他从没有丢弃过我。我怎么能够亵渎拯救了我爱我施慈悲与我的王呢？”。

图44 殉道者波利卡普

图45 依纳爵的殉道

초대교회는 그와 같은 하나님 나라에 대한 소망을 지켜내기 위하여 박해를 이겨냈다. 스데반 집사의 순교를 시작으로 하여, A.D.64년 경에 일어난 네로(Nero) 황제의 박해와 A.D.90-95년경에 일어난 디오클레티안(Diocletian) 황제 시기의 박해, 그리고 A.D.250년 이후에 일어난 마지막 박해시기에 수많은 초대교회 그리스도인들은 신앙과 목숨을 맞바꾸었다. 신약성경 《히브리서》, 《베드로전서》, 《요한계시록》 등은 박해시기의 그리스도인을 격려하고 위로하는 책들이다. 이들은 십자가에 못 박혀 죽으신 예수의 고통에 직접 참여하는 것을 영광으로 받아 들였고, 환난 속에서도 로마 황제가 아니라 예수를 저들의 주님(κυ ρ ι os, 큐리오스)으로 고백하였다.

'물고기' 를 뜻하는 희랍어, 'IXΘYΣ(ιχΘυς, 익투스)' 는 '예수 그리스도 하나님의 아들 구세주' 라는 희랍어 첫 알파벳을 모은 단어인데, 이것은 지하 동굴인 카타콤(Catacomb)에서 예배를 드릴 때 사용된 그리스도인의 암호가 되었다. 서머나의 폴리캅(Polycarp) 감독은 "86년 동안 나의 왕이요 구세주이신 그리스도를 섬겼으나 그분은 나를 한 번도 저버리신 적이 없다. 그런데 어떻게 나를 구원하시고 사랑과 자비를 베풀어 주신 나의 왕을 부인할 수 있겠는가?" 라고 외치면서 순교의 길에 나아갔다.

正如特图里安所说的“殉道者的血是教会的种子”一样，初期教会在遭迫害反而成长了起来。一开始为了躲避犹太教的迫害和罗马对耶路撒冷的进攻而分散的基督徒，成了不仅在犹大和撒马利亚直到地极做耶稣见证的人。对初期教会的建设和拓展，有决定性影响力的宣教士是彼得和保罗。彼得在第一次耶路撒冷会议上成为了教会的最高领袖，而保罗使初期教会得以扩展壮大。通过保罗宣教团，初期教会从小亚细亚和希腊扩展到罗马，进一步扩展到世界教会。特别是在罗马的提多(Titus)将军侵占了耶路撒冷之后，初期教会的重要历史舞台也从耶路撒冷迁移到地中海沿岸的各个诚市，并与犹太教完全诀别，用希腊的哲学来进行重新的解释。

图46 否认耶稣的彼得(Rembrandt,1660)

图47 监狱里的保罗(Rembrandt, 1627)

그러나 "순교자의 피는 교회의 씨앗" 이라고 터툴리안(Tertullian)이 말한 것처럼, 초대교회는 박해시기에 오히려 성장하였다. 맨 먼저 유대교인의 박해를 피해 그리고 로마의 예루살렘 침공을 계기로 해서 흩어져 나간 그리스도인은 유다와 사마리아뿐만 아니라 땅 끝까지 이르러 예수의 증인이 되었다. 초대 교회의 건설에 결정적인 영향을 미친 선교사는 베드로와 바울이었다. 베드로는 1차 예루살렘 회의를 거치면서 교회의 최고 지도자가 되었고, 바울은 3차례의 선교여행을 통해 초대교회의 확장을 이루었다. 바울 선교단에 의해 초대교회는 소아시아와 그리스, 로마까지 나아가 세계교회로 확장되었다. 특히 로마의 티투스(Titus) 장군이 예루살렘을 함락시키면서 초대교회는 주요무대를 지중해 연안의 여러 도시로 옮겨가게 되었고, 유대교와 확실하게 결별하는 대신 그리스 철학으로 재해석되어야 했지만, 이것을 계기로 해서 교회는 더욱 성장하고 성숙하게 되었다.

以柏拉图的二元论思想为中心的希腊哲学被引入了初期教会，初期教会面临着一个重大的挑战。外有迫害，内有异端的攻击。以犹太人为中心的伊便尼派 (Ebionites)主张说人子耶稣在接受洗礼的时候被神认为养子(adoptionism)。灵知主义(Gnosticism)否认耶稣批戴肉体来到世上的说法，也就是说他们认为圣洁良善的耶稣怎么能穿戴肮脏的罪恶满盈的人的肉体呢？　按照灵知主义的说法，神的创造也被贬低了，是所谓劣等神的作为，没有身体的复活，只有灵魂的不灭。结果由于过分强调耶稣的神圣性，引发了另外一个异端。对于耶稣的真实面目的争论，这可以说是基督教在希腊文化和思想中逐渐本土化的过程中产生的。

最终，初期教会在外有逼迫，内有异端的挑战中，逐渐形成了自己的信条、经典和教会组织，直至313年米兰赦令的颁布，教会的合法地位被公认，教会才进入一个新的时期。

图48 使徒保罗的2，3次传道旅行历程

플라톤(Platon)의 이원론(二元論) 사상을 중심으로 하는 헬라철학이 들어오면서 이미 초대교회는 또 하나의 중대한 도전에 직면해 있었다. 외부적으로 생겨난 도전이 박해(迫害)였다면, 내부적인 도전은 이단(異端)의 공격이었던 것이다. 유대인들이 중심이 된 에비온주의(Ebionites)는 인간 예수가 세례 받을 때에 하나님의 아들로 양자되었음(adoptionism)을 주장하는 것이라고 한다면, 영지주의(Gnosticism)는 예수가 육체로 오심을 부인하는 주장을 했다. 즉 거룩하고 선한 존재인 예수가 더럽고 악한 육체의 몸을 입을 수는 없다는 것이다. 영지주의의 주장대로면, 하나님의 창조 역시 평가 절하되어 소위 열등(劣等)한 하나님이 하신 일로 이해되며, 몸의 부활이 없고 영혼불멸만을 주장하게 된다. 결국 예수의 신성(神性)만을 지나치게 강조하여 또 다른 이단을 불러오게 된 것이다. 예수의 정체에 대한 이와 같은 논의는 기독교가 그리스 문화와 사상 속에서 토착화를 이루고자 했던 과정에서 생겨난 문제 제기였다.

결국 초대교회는 외부의 박해와 내부의 이단이라는 도전 속에서 점차 자신의 신조와 경전, 그리고 교회조직을 갖추게 되었고, 이제 313년 밀라노 칙령을 통해 공인되면서 새로운 시기로 접어들게 되었다.

第四章 基督教的分化

在两千年的历史中，基督教经历了几次大的分化过程，罗马公教和东正教的分裂是第一次，之后是天主教和新教的分裂，后来新教内部又有了很多教派的分化。今天教会之所以有如此多的教派，只是因为教会脱离国家的影响，按照资本主义原理竞争发展的缘故。当然也有因为神学的差异引起的分化，但很多时候很难否认政治或单纯竞争成长的动机因素。这个层面上的教派分化在美国和韩国更加深化了。

图49 韩国天主教明洞圣堂

图50 韩国正教会首尔圣堂

图51 韩国贞洞监理教会

初期教会虽然是一个大公教会(Universal Church)，但是从很早就有了东方教会和西方教会的差异。476年罗马帝国没落以后，东方的君士坦丁堡自然而然被推到基督教新的中心城市的地位。此后，东方教会和西方教会之间的隔阂就越来越严重了。例如，西方教会使用拉丁语，而东方教会主要并行使用希腊语和叙利亚语等语种。语言的差异也导致了神学的差异，例如，东方强调耶稣基督完全的“一个神性”，而西方执着于“两个本性”的见解。并且，东方在崇拜圣物(icon)上是自由的，而西方却是禁止的。西方教会认为”圣灵不仅由圣父而出，也由圣子而出“(Filioque)，而东方教会主张圣灵单单由圣父而出，这方面也是分歧较大的。

제4장 기독교의 분화

2천년의 역사 속에서 기독교는 몇 차례의 큰 분화과정이 있었다. 천주교와 정교회의 분열이 첫 번째이고 다시 천주교와 개신교회의 분열이 있었다. 그 다음 개신교회 내에서 수많은 교파의 분화가 있었다. 오늘날 교회가 이렇게 많은 교파로 이루어져 있는 것처럼 보이는 것은 순전히 개신교회가 국가의 영향을 벗어나 자본주의적 원리를 따라 경쟁적인 발전을 해왔기 때문이다. 물론 신학적인 해석의 차이로 인한 분화가 있지만, 많은 경우에는 정치적인 또는 순전히 경쟁적인 교회 성장의 동기도 있었다. 그러한 측면은 미국과 한국을 거치면서 더욱 심화되었다.

초대교회는 한 개의 보편교회(Universal Church)를 이루고 있었지만, 일찍부터 동방과 서방의 교회는 차이가 있었다. 476년에 로마제국이 몰락한 이후 자연스럽게 동방의 콘스탄티노플(Constantinople)이 기독교의 새로운 중심 도시로 부각되었다. 이후 동방교회와 서방교회 사이에 갈등이 점차 증대되었다. 예를 들어 서방에서는 라틴어를 사용하였고, 동방에서는 헬라어를 주로 사용하면서 시리아어 등도 병행되었다. 이러한 언어의 차이는 신학적 차이도 만들어냈는데, 예를 들면 동방에서는 예수 그리스도의 완전한 '하나의 신성' 을 강조하였고, 서방에서는 '두 개의 본성' 을 고집하였다. 또 동방에서는 성물(icon) 숭배가 자유로운 반면에 서방에서는 금지되었다. 결정적으로는 성령이 아버지뿐만 아니라 '아들에게서도' (Filioque) 나왔다고 본 서방교회와 오직 아버지에게서만 유래하였다고 주장한 동방교회 사이에 또 이견이 있었다.

最终，1054年7月，罗马教皇差派特使霍姆伯特(Humbert de Silva Candida)将黜教的教谕扔在圣索非亚圣坛上,从此教会分裂成西方罗马公教和东方的东正教。Catholic教会是强调大公教会的含义，而东正教称自己是Orthodox，强调教会的正统性。之后，西方教会受到罗马法律的影响，发展了强调严密逻辑的哲学性神学，而东方教会强调圣礼，发展圣礼的经验性、神秘性特征；并且，西方教会强调耶稣的代赎，东方教会描述耶稣是“复活的胜利者”；西方教会强调教权，主张神父守独身，相反东方教会的神父们的平等关系，也允许神父结婚。

但是，两个教会都接受七种圣礼，都采取主教制，圣经与教会传统并重，都崇拜圣母马利亚，两个教会的彻底决裂是在第四次十字军东征时西方的十字军侵占了东方教会的君士坦丁堡事件(1204年)。第二次梵蒂冈公会议以后，两个教会产生了和解的迹象，1965年，两教会牧首会面，撤销了1054年相互投送的断交令。并于1979年两教会为寻求神学的和解，还组建了特别神学委员会。

결국 로마교황이 파견한 훔버트(Humbert de Silva Candida)가 1054년 7월 성 소피아(Sophia) 성당의 강대상에 파문장(破門狀)을 내던짐으로써, 교회는 서방 카톨릭교회와 동방정교회로 나누어졌다. Catholic교회는 보편교회임을 강조하는 말인데, 정교회는 Orthodox라고 해서 정통교회임을 주장했다. 이후 서방교회는 로마법의 영향을 받아 엄밀한 논리를 강조하는 철학적 신학을 발전시킨 반면에, 동방교회는 예배와 성례전을 강조하는 경험적이고 신비적인 특징을 발전시켰다. 또 서방교회가 예수의 대속(代贖)을 강조한 반면에 동방에서는 '부활의 승리자'로 묘사하였다. 서방교회가 교권(敎權)을 강조하고 사제의 독신을 주장하는 반면에 동방교회는 사제들의 평등한 관계 그리고 사제의 결혼을 허용한다.

그러나 양 교회는 모두 7종 성례를 받아들였고, 주교제(主敎制)를 채택하였으며, 성경과 함께 교회전통을 중시하였고, 성모 마리아를 숭배하였다. 양 교회가 결정적으로 분열한 것은 제4차 십자군 전쟁 때에 서방교회의 십자군이 동방교회의 콘스탄티노플을 함락하고 약탈한 사건(1204년) 때문이었다. 제2차 바티칸 공의회 이후 최근 들어 양 교회에는 화해의 분위기가 생기고 있는데, 1965년에 양 교회의 대표가 만나 1054년의 상호 파문장을 철회하였고, 1979년에는 두 교회 간의 신학적 화해를 모색하기 위한 특별 신학위원회를 구성하기도 하였다.

第二次的教会大分化始于十六世纪德国的马丁路德的宗教改革运动，罗马公教又分裂为罗马天主教会和新教教会。虽然天主教认为这次分裂是一个教会分裂的心痛的经历，但是新教却认为这是对中世纪天主教矛盾进行改革的事件，至今还遵守宗教改革主日，代代纪念。1517年，在德国维滕贝格大学任教的马丁路德在学校教堂的正门上公开贴出自己亲笔写出的“九十五条论纲”，反对教会为世俗的目的滥发赎罪卷，公开挑战教皇的权威。与重视教权和传统的天主教不同，这次改革的核心是强调圣经的优越性，万人祭司论—凡用良心宣告圣经信仰的人不必通过神父可以直接得到神的呼召。

图52 马丁路德(Cranach，1543)

图53 赎罪卷

路德1483年出生于德国，接受中世纪的神学教育，进入奥古斯丁修道院当修士，当时他认为神总是审判人的罪，所以一直用行善和忏悔的方法来寻求神的赦免。1511年，路德在维滕贝格大学研究圣经的时候，发现了新的神学方向。在研究和讲解《诗篇》、《加拉太书》等圣经书卷的时候，马丁路德发现了“唯有神的恩典才有救赎的恩宠”，开始强调十字架就是为中心的路德神学。在“十字架的神学”中，人类被描写成为完全依靠十字架的恩典的被动存在，相反强调神的绝对主权。

두 번째의 커다란 교회 분화는 16세기 독일의 마틴 루터에 의해 시작된 종교개혁운동으로 인하여 서방 카톨릭교회가 다시 로마천주교회와 개신교회로 나누어진 것이다. 천주교회는 이것을 교회분열의 아픈 경험이라고 얘기하지만, 개신교회는 중세 천주교회의 모순을 개혁한 사건으로 보고 오늘날까지도 종교개혁주일을 지키면서 대대적으로 기념한다. 비텐베르그(Witenberg) 대학 교수이던 루터는 1517년 대학성당 정문에, 당시 세속적 목적으로 발행되어 남용되던 면죄부(免罪符)를 반대하는 <95개조의 논제>를 써 붙임으로써 교황의 권위에 도전하였다. 그 핵심은 교권과 전통을 중시하던 천주교회와 달리 성서의 우월성, 그리고 양심적으로 성서의 신앙을 고백하는 모든 사람이 사제를 통하지 않고 직접 하나님의 부르심을 받았다는 만인제사장(萬人祭司長)의 이론이었다.

루터는 1483년 독일에서 태어나 중세적 신학교육을 받고 어거스틴(Augustine) 수도원의 수도사가 되었는데, 당시 언제나 인간의 죄를 심판하시는 하나님의 모습으로 인해 괴로워하였다. 하나님의 용서를 얻기 위해 선행(善行)과 참회(懺悔)의 방법으로 노력하던 루터는, 1511년 이후 비텐베르크대학에서 성서를 연구하면서 새로운 신학적 방향으로 돌아서게 되었다. 《시편》, 《갈라디아서》 등을 연구하고 설교하면서, 루터는 ‘오직 하나님의 은혜로 주어지는 구원의 은총’을 발견하게 되고, 십자가 중심의 루터신학을 강조하게 되었다. ‘십자가의 신학’에서 인간은 철저하게 십자가의 은혜에 의지해야 하는 수동적인 존재로 묘사되었고, 반면에 하나님의 절대적 주권이 강조되었다.

这得出的结果是，依靠圣经的权威，批判了当时的宗教权力者，解放了百姓。而且也得到了当时很多新兴贵族阶层的帮助。不管怎么样，1517年的“九十五条论纲”马上被散发在德国全地。此后，路德与教廷和德国皇帝对立，参加辩论，专心研究和著述。1520年，路德出版了著名的三本书，《教会的巴比伦之囚》、《基督徒的自由》和《致德意志贵族公开书》。

终于，在1521年召开的沃尔姆斯宗教会议上，路德被德国皇帝驱逐，在回家的途中投靠萨克森的领主腓勒德利专心从事圣经翻译，或许可以说圣经翻译是路德的更大的贡献项目。因为从此圣经被翻译成各种语言，世界各国的平信徒手中也可以直接拿到圣经了。马丁路德为新教指引了一个唯独恩典、唯独圣经、唯独信仰的方向，在这个过程中，路德宗1529年诞生了，抗议者（Protestant）的群众扩散到德国、丹麦、挪威、瑞典等国家建立路德宗教会。《奥格斯堡信条》(1530)作为路德宗的信条，教导圣经的独一性、人类的全然腐败性、神恩典的主动性和因信称义等等。1555年，天主教与德意志路德宗签订奥格斯堡和平协议（Peace Augusburg），不得不承认新教的存在。

图54 今天的维滕贝格教会

图55 九十五条论纲

이것은 성서의 권위에 기대어 당시의 종교권력을 비판하고 백성들을 해방하는 결과를 자아냈다. 그것은 당시 성장하고 있던 귀족층의 지원에 힘입은 바도 적지 않다. 여하튼 1517년의 <95개조 논제>는 곧바로 독일의 모든 지역으로 인쇄되어 나갔다. 이후 교황청과 독일황제에 대립하며 루터는 변론(辯論)에 참여하고, 연구와 출판에 전념하였다. 1520년에는 유명한 세 권의 서적, 곧 《교회의 바빌론 포로》, 《그리스도인의 자유》, 《독일 제후에게 고함》을 출간하였다.

결국 1521년 열린 보름스(Worms) 종교회의에서 루터는 독일황제로부터 파문(破門)당하였고, 돌아오는 길에 작센(Sachsen)의 영주 프리드리히(Friedrich)에게 몸을 맡기고 성서번역사업에 전념하게 되었다. 성서번역은 어쩌면 루터의 더 큰 공로라고 말해야 할지도 모른다. 이후로 모든 언어로 번역되어 각국 평신도들의 손에 성서가 직접 주어질 수 있었기 때문이다. 루터에 의해 오직 은혜와 성경과 신앙만을 따르고자 한 개신교회의 방향이 제시된 가운데, 1529년부터 출현한 루터교 신자(Protestant)의 무리들은 독일, 덴마크, 노르웨이, 스웨덴 등으로 확대되어 루터교회를 이루었다. <아우구스부르크 신조>(1530)로 규범화된 루터교회의 신조는 성경의 유일성과 인간의 전적인 부패, 하나님의 주동적인 은혜, 믿음으로 얻는 구원의 확신 등을 가르친다. 1555년에 카톨릭교회는 독일 루터교회와 아우구스부르크 평화협정(Peace Augusburg)를 맺어 개신교회의 존재를 인정해야 했다.

在瑞士，以苏黎世为中心的茨温利和以日内瓦为中心的加尔文展开了宗教改革运动。茨温利主导了以耶稣为道德典范的人文主义宗教改革，而加尔文主张强调神绝对主权的预定论，为了确信是否进入预定的行动主义信仰，对资本主义的伦理发展有所贡献。1533年以后，由加尔文推动的瑞士宗教改革运动开展的同时，出现了一些将自己的私生活交在神的统治下的改革教会。加尔文的改革要求日内瓦的市民过一个严格的宗教生活，例如，每周举行圣餐仪式，要求议会决议全市民的信仰告白任务。因此，加尔文第一次改革失败，不得不逃亡他乡，1941年以后，加尔文在第二次改革的时候组成了教会会议(consistory)，这才得以控制全市民的个人生活，维持严格的道德生活，力求将日内瓦建造成为圣洁的城市。

图56 约翰 加尔文

图57 加尔文的讲道集

스위스에서는 쮜리히를 중심으로 하는 쯔빙글리와 제네바를 중심으로 하는 칼빈의 종교개혁이 일어났다. 쯔빙글리는 예수를 도덕적 모범으로 생각하는 인문주의적 종교개혁을 주도하였다. 반면에 요한 칼빈은 하나님의 절대적 주권을 강조하는 예정론(豫定論)을 주장하였으며, 예정에 들었음을 확신하기 위한 행동주의 신앙으로 자본주의 윤리의 발전에 기여하였다. 1533년 이후 칼빈에 의하여 스위스 제네바의 종교개혁운동이 전개되면서 일체의 사회생활을 하나님의 통치 아래 두고자 했던 개혁교회가 출현했다. 그의 개혁은 제네바 시민들에게 엄격한 종교생활을 요구하는 것이었다. 예를 들어 매주 성만찬을 거행한다든가, 전 시민의 신앙고백을 의회가 결의해 주기를 요구하는 것 등이다. 그리하여 첫 번째 개혁 때는 실패하여 망명을 해야 했고, 1941년 이후 2차 개혁 때에 비로소 시 교회회의(consistory)를 구성하여 전 시민의 개인생활을 통제하였고 엄격한 도덕생활을 유지하는 제네바 성시(聖市)를 도모할 수 있었다.

一方面，英国的国教由国家直接主导从天主教中分离出来。亨利八世因为教皇不允许自己离婚，就在1534年取代教皇的权力，直接宣布自己是教会的代表。亨利八世死后，教皇试图使玛丽女王恢复天主教，迫害新教，但是，继承王位的伊丽莎白一世重新公布国王是英国教会的最高元首，打开了国教即圣公会的时代并一直发展到今天。圣公会虽然属于强调圣经权威的新教，但是采取主教制，而且比讲台更重视祭台。

http://blog.daum.net/upgungdy

图58 亨利8世

图59 圣公会首尔主教座圣堂的祭台

한편 영국의 국교회(國敎會)는 국가가 직접 주도하여 천주교회로부터 분리되어 나왔다. 헨리 8세는 자신의 이혼을 교황이 허락하지 않자, 1534년에 교황의 권력을 대신하여 직접 교회의 대표임을 선포하였다. 헨리 8세 사후 메리여왕이 카톨릭의 복귀를 시도하면서 개신교를 박해하였지만, 이어서 왕위를 계승한 엘리자베스 1세는 다시 국왕을 영국국교회의 최고 지도자로 공포하면서, 국교회 즉 성공회(聖公會)의 시대를 열어 오늘날까지 발전해 왔다. 그러나 성공회는 비록 성경의 권위를 강조하는 개신교에 속해 있지만, 주교제를 채택하고 있고, 강대상보다 제단을 더 중시한다.

因此，在圣公会内部发生了净化残留的天主教成分的活动，也就是清教徒运动。他们受加尔文主义的影响强调圣经和神的主权，1569年托马斯卡特莱特(Thomas Cartwright)提出了长老制度之后，圣公会里面出现了分裂主义，开始迫害清教徒。1609年，曾经是圣公会司祭的约翰斯密斯(John Smith)，带领一些拒绝圣公会教义的人们离开伦敦，迁往荷兰的阿姆斯特丹，这样就诞生了浸信会。后来，他们中的一部分返回英国建立了英国的浸信会。浸信会强调圣经的属灵权威，强调会众中心的个别教会主义，要求完全的洗礼即浸礼和成人洗礼。

图60 清教徒的简朴的生活

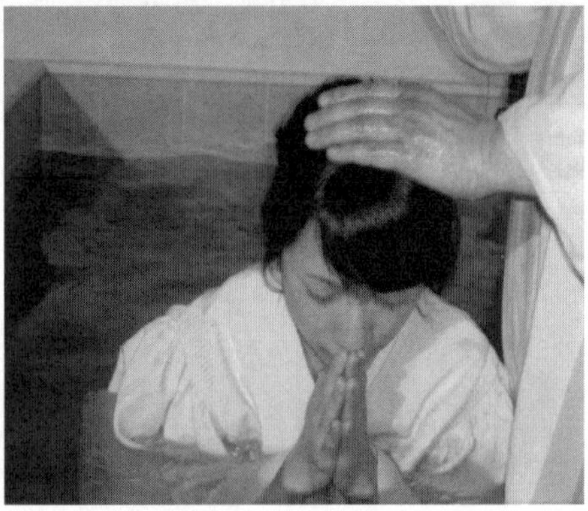

图61 浸水洗礼

그리하여 성공회 안에 남아있는 천주교적인 잔재를 정화시키기 위한 노력이 일어나게 되었는데, 이것이 청교도(淸敎徒, Puritan) 운동이다. 이들은 칼빈주의의 영향을 받아 성경과 하나님의 주권(主權)을 강조하였다. 1569년 토마스 카트라이트(Thomas Cartwright)가 장로(長老)제도를 주장한 이후 성공회 안에 분열주의자들이 나오면서 박해가 있기 시작하였는데, 1609년 성공회 사제였던 요한 스미스(John Smith)는 성공회 교리를 거부하는 사람들을 이끌고 런던을 떠나 네덜란드의 암스테르담(Amsterdam)으로 옮겼다. 이렇게 해서 침례교회(浸禮敎會)가 태어났고, 나중에 이들 중 일부가 영국으로 귀국하여 영국침례교회를 세웠다. 침례교는 성경의 영적 권위를 강조하며 회중(會衆) 중심의 개교회주의, 온전한 세례 즉 침례와 성인세례를 요구한다.

一方面，在荷兰持守信仰的清教徒们（大部分是公理宗教会的信徒）1620年乘坐五月花横越大西洋，最终到达普利茅斯(Plymouth)，从此打开了美国教会的时代。而在英国国内，1642年开始发生了清教徒革命，1643年召开了威斯敏斯特总会（Westminster Assembly），成立了长老教会，发表了有名的威斯敏斯特信条(Westminster Confession)。1689年，长老教会、浸礼教会、公理宗教会等非国教信徒也正式获得了信仰的自由，这对美国教会也有影响。美国初期，圣公会信徒虽然占大多数，但随着信仰的自由扩大，1689年以后，美国成了自由教会信徒的乐土。因此，美国独立的过程也是美国教派教会成长的过程，国家和教会从此严格分立开来。

图62 五月花（美国普利茅斯）

图63 威斯敏斯特圣堂

한편 네덜란드의 라이덴(Leiden)에서 신앙을 지키던 청교도들(대부분 회중교회 신도들)은 1620년 메이플라워호(the Mayflower)를 타고 대서양을 건너 플리머스(Plymouth)에 도착함으로써 미국교회의 시대를 열었다. 영국 내에서는 1642년에 청교도혁명이 시작되어 1643년에 웨스트민스터 사원에서 소집된 총회(Westminster Assembly)를 거치면서 장로교회가 본격적으로 출범하였고, 유명한 웨스트민스터 신앙고백서(Westminster Confession)가 발표되었다. 1689년에는 정식으로 장로교회, 침례교회, 회중교회 등의 비국교도(非國敎徒)들에게 신앙의 자유가 주어졌다. 이것은 미국교회에도 영향을 미쳤다. 미국 초기 에는 국교회 신도들이 다수를 차지하였지만 점차 신앙의 자유가 확대되다가 1689년 이후 자유교회 신도들이 선망하는 땅이 되었다. 그리하여 미국 독립의 과정은 동시에 미국 교파교회 성장의 과정이기도 하였다. 국가와 교회의 엄격한 분리가 이루어진 것이다.

卫理公会是英国圣公会司祭约翰卫斯理和查尔斯卫斯理兄弟开创的。1729年，卫斯理兄弟起初先在英国牛津大学创设了“Holy Club"，开始了某种圣公会的改革运动。他们重视祷告和圣经学习，并为聚会制定了严格的规则，Methodist这个称呼就是由此而来的。但是，导致卫理公会创立的真正契机，是1738年5月月24日约翰卫斯理走在阿尔德斯卡特大街上的悔改事件。通过这个事件，卫斯理恢复了真正的心灵宗教，在这基础上他创设了称义和成圣之神学。

图64 在阿尔德斯卡特大街上的日记像

图65 卫斯理的街上聚会

致力于福音传播的卫斯理，还开创了野外布道，设立了平信徒讲道者，特别是女传道者，发展属会等小组运动。约翰卫斯理虽然没有要离开圣公会独创新教派的想法，但是等到1784年按手差派法兰西斯亚斯伯理去美国宣教联会担任年会长的时候，就走上了不同的道路，当约翰卫斯理作为圣公会的牧师于1791年与世长辞之后，卫理公会才作为一个新的教派独立。较之加尔文的预定论，卫理公会主张神的普遍性先行恩典和基于人类责任性应答的万人救恩原理。并且，卫理公会教义的另外一个特征就是，结合新教称义信仰，强调在圣灵的帮助下人在过个人圣洁生活的同时可以过一个成圣的生活。

值得一提的是约翰卫斯理所表现出来的献身生活。他一生旅行长达25万英里，讲道多达4万余次，著述超过2百多卷，借此来恢复和奉献“心灵的信仰”。1791年，卫斯理临终留下遗言说：“最好中的最好就是上帝与我们同在！”他在心灵重生之后，作为圣洁的基督徒，朝着完全的方向过着一个不断成圣的生活，为新教徒作了典型的榜样。

감리교회는 영국국교회 사제인 요한 웨슬리와 찰스 웨슬리 형제에 의해서 시작되었다. 웨슬리 형제는 일찍이 1729년 영국 옥스포드대학에 "Holy Club"을 만들고 일종의 성공회 개혁운동을 전개하였다. 이들은 기도회와 성경공부를 중시하였고, 모임을 위해 엄격한 규칙을 제정하였다. Methodist라는 이름이 여기에서 유래하였다. 그러나 오늘의 감리교회를 있게 한 진정한 계기는 1738년 5월 24일 요한 웨슬리가 올더스케잇(Aldersgate) 거리에서 회심한 사건에 있다. 이 사건을 통해 웨슬리는 진정 마음의 종교를 회복하게 되었고, 그 바탕위에서 칭의(稱義)와 성화(聖化)의 신학을 세웠다.

또 복음전도에 집중하였던 웨슬리는 야외설교를 도입하였고 평신도설교자 특히 여성전도자를 세웠으며, 속회(屬會)제도 등 소그룹운동을 발전시켰다. 요한 웨슬리는 사실 국교회를 떠난 교단을 새로 만들 생각을 가지고 있지는 않았지만, 1784년 프랜시스 애즈베리(Francis Asbury)를 미국 선교연회 감리사로 안수해 보냄으로써 다른 길을 가게 되었다. 결국 요한 웨슬리가 1791년 성공회 목사로 사망한 후, 감리교는 새로운 교단으로 독립하였다. 감리교는 칼빈의 예정론 대신에 하나님의 보편적 선행은총(Prevenient Grace, 先行恩寵)과 인간의 책임적 응답에 기초한 만인 구원의 원리를 주장한다. 또 개신교회의 특징인 칭의(稱義)의 신앙과 더불어 성령의 도움 속에서 개인의 성결(聖潔)과 함께 성화(聖化)의 삶을 살 수 있다고 가르치는 것이 특징이다.

덧붙일 것은 요한 웨슬리가 보여준 헌신적 삶이다. 그는 평생 25만 마일 이상을 여행하면서 4만 번 이상의 설교와 2백 권이 넘는 저술을 통하여 '가슴의 신앙'을 회복하고자 헌신하였다. 웨슬리는 1791년 "모든 것 중 가장 좋은 것은 하나님이 우리와 함께 계심입니다!"라는 유언과 함께 임종하였다. 그는 마음으로 거듭난 후 성결한 그리스도인으로서 완전을 향해 끊임없이 성화를 거듭하는 개신교인의 전형적인 모습을 보여주었다.

五旬节运动开始于美国洛杉矶的卫理公会。因为卫理会成圣运动是为了寻求第二次恩赐，1900年12月31日卫理会牧师查理巴尔罕(Charles Parham)开始在在伯特利圣经学校召开彻夜祷告会，为要寻求得方言的恩赐，恳求经验圣灵的感动，开创了五旬节运动的先河。查理巴尔罕开创了一个新的圣经学校，黑人威廉西摩 (William Seymour)参与了他的活动，超越了黑人和白人的矛盾与隔阂，追求"圣灵洗礼"的五旬节运动更加兴旺了。韩国的赵镛基牧师所属的神的圣会，从1910年左右开始批判以卫理会为背景的早期五旬节运动，强调独一回的救赎恩典，因而作为加尔文主义的五旬节运动分化出来了。不管怎么说，五旬节运动今天在第三世界的基督徒中间快速成长，因为体现出很多"南半球基督徒"的特征，所以引起了多人的瞩目。

图66 威廉 西摩

图67 汝矣岛纯福音教会

오순절(五旬節)운동은 미국 로스앤젤레스의 감리교회에서 시작되었다. 감리교의 성화(聖化)운동은 제2의 은사(恩賜)를 추구하게 하였기 때문이다. 그리하여 1900년 12월 31일 감리교 목사 찰스 파럼(Charles Parham)이 베델(Bethel)성서학교에서 철야기도를 드리던 중 방언(方言)의 은사를 받고 성령체험을 간구하는 운동을 시작하게 되었다. 그는 새로운 성경학교를 개교하였는데, 여기에 흑인인 윌리엄 시모어(William Seymour)가 참여하면서 흑백갈등을 넘어서는 '성령세례' 를 추구하는 오순절 운동이 더욱 발전하였다. 한국의 조용기 목사가 속해 있는 하나님의 성회는 1910년경부터 이 감리교회 배경의 초기 오순절운동을 비판하고 단일회(單一回)적인 구속(救贖)의 은총을 강조하며 등장한 칼빈주의적 오순절운동에서 비롯되었다. 오순절운동은 오늘날 제3세계 기독교의 폭발적 성장의 배후에 자리 잡고 있는 '남반구(南半球) 기독교' 의 특징으로 나타나고 있기 때문에 많은 사람들이 주목하고 있다.

上述内容讲的是迄今为止的从普世的初期教会到东正教、新教分离出来的过程，还有新教分化成很多教派的过程。即便是一个教派的教会，因国家不同，时代不同，其发展的模式也是各不相同的。所有这些教会，虽然在宣告“耶稣是基督”上是一样的，但如上所述，因为神学见解的不同，再加上经历自由的教派竞争时代，就形成了我们今天看到的众多教派。中国的吴耀宗曾经预言说随着资本主义时代的告终，教派主义教会的时代也将告终。实际上，在竞争性的宣教现场中，曾经各持己见、各走极端的教派主义又趋于重新携手联合，教派也逐渐失去了锐利的锋芒。所谓普世教会运动，就是寻求联合与协作，相互借鉴，相互学习，共同宣教，共同实现神的国度，共同履行基督门徒的职责。因此，因神学解释多样性的缘故所形成的教会分化，可以看成是，现今在联合的普世教会运动中，为达成共同使命而各尽其能的方法。虽然有庞大的教会所主导的超教派活动，他们用雷同的宗教商品，追求大量的宗教生产，但那也不过是教派主义弊端的延续而已。

지금까지 보편적인 초대교회로부터 정교회, 개신교회가 출범하는 과정, 그리고 개신교회가 여러 교파 교회로 분화되는 과정을 살펴보았다. 같은 교파 교회라고 하더라도 나라별로 시대별로 또 각자 다른 모습으로 발전해 왔다. 그러한 모든 교회는 '예수가 그리스도임'을 고백하는 것이 공통된 것이지만, 처음에 언급한 것처럼 신학적 해석의 차이로 인하여 또 자유로운 교파경쟁의 시대를 거치면서 오늘날 수많은 개신교회의 교파를 보게 되었다. 중국의 오요종(吳耀宗)은 자본주의 시대의 종식과 더불어 교파주의 교회의 시대도 종말을 고할 것으로 보아 교파후기시대가 올 것이라고 예고한 바 있다. 실제로 경쟁적인 선교현장에서 극성을 떨쳤던 교파주의의 폐해는 다시 선교현장에서 연합의 필요성에 밀려 점점 힘을 잃고 있다. 에큐메니칼(Ecumenical) 운동은 연합과 협력에 의한 상호 배움과 선교적 실천이 하나님 나라를 실현하기 위해 그리스도의 제자직(Discipleship, 弟子職)을 수행하는 데 결정적인 방법이라고 믿는다. 그러므로 신학적 해석의 다양성에 의한 교회의 분화는 이제 연합에 의한 공동 사명의 완수를 위해 다양한 은사를 개발하는 방법이라고 이해할 수 있을 것이다. 획일화된 종교상품으로 종교적 대량생산을 추구하는 거대교회가 탈교파(脫教派)를 주도하는 경우도 있지만, 그것은 교파주의의 폐해를 연장하는 것에 불과하다.

第五章 基督教的分布

前面我们看到，在保罗等人的不懈努力下，初期教会的疆域极大扩展，后来，基督教离开犹太地区，分散到整个罗马领土属地。A.D.60年左右，北从小亚细亚、希腊，南到埃及，西到今天的意大利等地，几乎都属于罗马帝国的疆域范畴内。使徒行传2:9-11里谈及了帕提亚人、玛代人和以拦人等，其中帕提亚就是位于伊朗、阿富汗斯坦和巴基斯坦国境的交汇之地，相当于东亚细亚交通要道，在这个地区生活的人们早已经与基督教信仰有所接触了。又有发现说基督教在很早以前就通过米索布大米亚的伊得撒（Edessa）、阿尔比儿（Arbel）或者阿拉伯沙漠地等地，扩散到阿富汗斯坦和印度全地。

图68 五旬节时来到耶路撒冷的人们

제5장 기독교의 분포

앞에서 초대교회가 바울 등의 노력에 의하여 그 지경을 크게 확대하였음을 확인하였다. 이제 기독교는 유대지역을 떠나 로마의 전체 영토로 펴져나갔다. A.D. 60년경에 소아시아와 그리스, 남쪽으로 이집트, 서쪽으로 오늘의 이탈리아 등 로마제국의 대부분 영역을 포함하였다. 사도행전 2:9-11을 보면, 바대, 메대, 엘람 등이 언급되고 있는데, 이 중 바대는 이란, 아프가니스탄과 파키스탄 국경선에 위치한 곳으로서 동아시아 지역으로의 통로에 해당하였다. 이들 지역에 살고 있던 사람들이 이미 기독교 신앙과 접촉하고 있었던 것이다. 그렇게 해서 메소포타미아의 에뎃사(Edessa)와 아르빌(Arbel), 또는 아라비아사막 등을 통해 일찍이 페르시아와 아프가니스탄, 인도지역으로 기독교가 확대된 흔적이 발견되었다.

抛去多马去印度传道的传说不算在内，至少在4世纪到5世纪期间，包括聂斯托利派宣教士在内的大批基督徒到过印度。在阿富汗斯坦北方，曾经横跨东西的土耳其斯坦和土耳其族、克莱特族，乃蛮人、维吾尔族，在很早以前就接受了基督教。并且，使这个地区最为积极活跃地接纳基督教信仰的是十三世纪威力震骇阿拉伯半岛到韩半岛的蒙古族。事实上，早在蒙古人在中国建立元朝、发展也里可温教（一部分是景教的后身）之前，在中国的唐朝，已经有一部分圣经翻译成汉语了，当时聂斯托利派基督教以景教为名在唐朝兴旺一段时期。在622年以后伊斯兰教席卷近东地区的时候，在基督教故土叙利亚，怀有对信仰兄弟思念之情的，不是西方的天主教，而是一些统管中亚的东方基督教部族或国家，蒙古帝国就是其代表。

图69 印度的多马纪念教会

图70 在韩国庆州被发现的石头十字架

但是，东方基督徒是像他们的部族和国家一样，都难免即兴即衰的命运，除了现今能偶尔发现一些如十字架、铜钱或墓碑等痕迹以外，与积累了大量基督教文化规模的西方基督教无法比较。如上所述，西方的基督教超越了小亚细亚，以罗马为中心的天主教会统治欧洲长达十个世纪以上之久。在这期间，东正教发展到希腊、东欧和俄罗斯。接着登场的新教在德国、英国、瑞士等整个欧洲国家有一席之地，并且具有作为美国的主要宗教的地位。在这些地区中，各人的内在世界和社会文化的每个角落都受到了基督教的绝对影响。

그들이 도착한 인도는 도마의 전설을 제외하고라도, 적어도 4-5세기경에 네스토리우스(Nestorius)파 선교사를 포함해서 상당한 규모의 그리스도인들이 도착해 있었다는 사실이 증명되고 있다. 북방지역에서는 아프가니스탄 북쪽으로 동서를 길게 차지하고 있던 투르키스탄(Turkistan)과 터어키(Turkey)족, 케라이트(Kerite)족, 나이만(Naiman)족, 위그르(Uighur)족 등이 일찍이 기독교를 받아들이고 있었고, 이 지역에서 가장 적극적이고 활발하게 기독교 신앙을 받아들인 것은 확실히 13세기에 아라비아반도에서 한반도에 이르기까지 위세를 떨쳤던 몽고족이었다. 사실 몽고족이 중국에 원나라를 세우고 야리가온(也里加溫, 일부분은 景敎의 後身)을 발전시키기 이전에 당나라에서는 이미 중국어 성경이 일부 번역되어 나왔고 네스토리우스파 기독교가 경교(景敎)라는 이름으로 부흥하고 있었다. 622년 이후 이슬람이 근동지역을 휩쓸고 있을 때에, 기독교의 고향땅에서 신앙의 형제로 그리워하던 상대는 서방의 천주교회가 아니라 종종 중앙아시아를 호령하던 동방의 기독교 부족 또는 국가들이었다. 몽골제국은 그 대표적인 경우이다.

그러나 동방의 그리스도인들은 그 부족과 국가가 일순간에 흥하고 망하였던 것과 동일한 운명을 지나왔다. 간간이 발견되는 십자가와 동전, 묘비의 흔적 등을 제외하면 서방의 기독교가 일구어 온 엄청난 기독교 문화의 규모와는 비교가 될 수 없을 것이다. 이미 앞 장에서 서술한 것처럼 서방의 기독교는 소아시아를 지나 로마를 중심으로 발전한 천주교회가 10세기 이상 유럽을 지배하였고, 그 사이에 동방정교회가 헬라와 동유럽, 러시아로 발전해 갔으며, 이어서 등장한 개신교회는 독일과 영국, 스위스를 포함한 유럽 전역 그리고 미국의 국가종교 또는 주요종교로 자리를 잡았다. 이들 지역에서 개인의 내면세계와 사회 문화의 구석구석에 거의 절대적인 영향력을 미치고 있었던 것이 기독교 신앙이었다.

16世纪末，随着海上航线的开通，在起初亚细亚和欧洲曾看到的宣教热情，又重现并扩散到世界范畴。耶稣会的宣教士开始到南美、亚洲宣教开拓。当然，以前也曾经有十字军东征，还有13世纪的托钵修道会修道士们献身性对外事奉的事件也有不小的作用，但是结出实际性宣教果效的原因是，基督教帝国步耶稣会宣教士的后尘，乘着18世纪产业革命的余波，走在世界宣教的前线。敬虔主义的信仰带来教会的复兴，产业革命带来经济上的动力，这是世界宣教主要的两个背景。

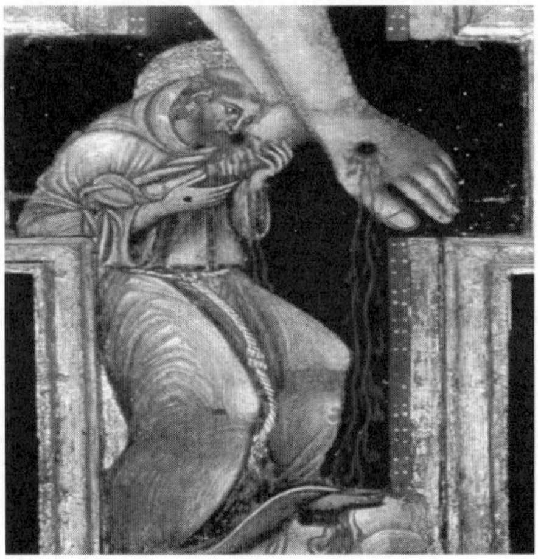

图71　圣 法兰西斯(方济各会)

图72 依纳爵 罗有乐(耶稣会)

因此，迎来了宣教学者拉图雷特(Latourette)所说的“伟大的宣教世纪”。现今，基督教不仅在欧洲和北美复兴，而且也给亚洲教会带来了复兴，除此之外，基督教还扩散到非洲、南美等地区。特别是亚非地区教会的成长，显著地表现了20世纪教会的复兴和新兴基督教的特色。

초기 아시아와 유럽에서 보였던 선교적 열정이 다시 나타나면서 결국 세계적 규모로 확대된 것은, 항로가 개척되고 예수회 선교사들에 의해 천주교의 남미, 아시아 선교가 개척되던 16세기 말로부터 시작되었다. 물론 십자군 전쟁이나 13세기 탁발수도회(托鉢修道會) 수도사들의 헌신적인 대외봉사가 있었지만, 실질적인 선교열매를 얻게 된 것은 예수회(Jesuits, 耶蘇會) 선교사들에 이어 18세기 산업혁명의 여파로 서방 기독교 제국들이 대대적으로 세계선교에 나선 기간에 진행되었다고 말해야 한다.

경건주의 신앙의 성장으로 인한 교회부흥과 산업혁명으로 인한 경제적 동력은 세계선교의 주요한 두 가지 배경이 되었다. 그리하여 선교학자 라투렛(Latourette)이 말하는 "위대한 선교의 세기" 즉 19세기를 맞이하게 되었다. 이제 기독교는 유럽과 북미뿐만 아니라 재차 아시아 교회의 부흥을 가져오게 되었고, 그밖에 아프리카, 남미지역으로 확대되었다. 특히 아시아, 아프리카 지역에서의 교회 성장은 20세기 교회부흥과 새로운 기독교의 성격을 단적으로 보여주게 되었다.

现在，我们看一下19世纪到20世纪期间基督教在各个大洲的成长、分布情况和特征。首先，非洲基督徒人数由1900年990万增长2000年的3亿6千万，增长了36.4倍，特别是1900年到1970年之间的增长率十分显著，按照这种趋势，到了2025年，非洲基督徒人数将要达到6亿3,400万人，这25年期间的增长率预测为76%。非洲的基督教主要和伊斯兰教(1990年42%)形成了竞争关系，1990年非洲的基督徒比例是50%，这里不仅包括主流教会，还包括数千个本土化的小规模独立教会。非洲基督教的成长，意味着具有非洲文化特征的新兴基督教登上了历史舞台。

图73 非洲教会

图74 非洲的信仰热情

이제 지난 19-20세기에 나타난, 대륙별 기독교의 성장과 분포, 특징을 살펴보기로 한다. 먼저 아프리카에서는 1900년에 990만이었던 기독교 인구가 2000년에 3억6천만 명으로 늘었다. 36.4배 증가한 것이다. 특히 1900-1970년 사이의 증가율이 현저했다. 이런 추세라면 2025년에는 그리스도인 수가 6억 3,400만 명으로 25년 간 76%의 증가율을 보일 것이다. 아프리카에서는 기독교가 주로 무슬림(1990년 42%)과 경쟁하고 있는데, 1990년 아프리카의 그리스도인 비율은 50%이다. 여기에는 주류 교회뿐만 아니라 수천 개의 토착화된 소규모 독립교회가 포함되어 있다. 아프리카 기독교의 성장은 아프리카 문화의 특징이 나타나는 신흥 기독교의 등장을 의미한다.

亚洲的基督徒虽然占人口比例的3.5%，但因为亚洲大陆占有全世界50%以上的人，所以，亚洲基督徒的人数占全世界基督徒人数的15%以上。中国自从1979年改革开放以来，教会和神学院重新开门，圣经也重新得以印刷发行，今天信徒人数大概超过3千万人。在印度，很多宣教士留了下来，有1,600万名以上的基督徒，这相当于全世界第六位基督教国家的人数。在东南亚和韩国，福音主义的教会得以极大的成长，韩国基督徒占全国人口的30%以上。纯福音教会的信徒就有60万，作为世界上最大的单一教会闻名遐迩。印度尼西亚虽然世界上最大的伊斯兰教国家，但是基督徒的人数也越来越多，现在有1,500万人，即人口的12%以上是基督徒。

图75 南印度的小山教会(1551年建)

图76 越南教会的圣诗班

아시아에서 그리스도인의 비율은 3.5%에 불과하지만, 전 세계 인구의 50%이상이 거주하는 대륙이기 때문에, 이미 전체 그리스도인 비율에서 15%이상이 아시아 사람이다. 중국은 1979년 개혁개방 이후 교회와 신학교가 다시 문을 열었고 성경을 인쇄하여 배포한 이후 오늘날 3천만 명 이상의 그리스도인을 보유하고 있는 것 같다. 인도 역시 많은 선교사들을 보유하고 있고, 1,600만 명 이상의 그리스도인이 있는데, 이것은 전 세계 국가 중 제6위의 기독교 국가에 해당하는 숫자이다. 동남아와 한국에서도 복음주의 교회가 크게 성장하고 있는데, 한국의 그리스도인 수는 전체 인구의 30%를 넘는다. 순복음교회는 신도가 60만 명인데 이것은 세계 최대의 단일교회로 알려져 있다. 인도네시아는 세계 최대의 무슬림 국가이지만, 그리스도인 역시 점차 많아지고 있어 현재 1,500만 명 즉 전 인구의 12% 이상이 그리스도인이다.

南美过去有90%以上的人是天主教徒，但是20世纪70年代以后，福音主义在南美发展迅速，今天，有1,800万多人是新教徒，其中有75%以上是五旬节教会的信徒。如此，19-20世纪的基督教主要在非洲、亚洲、南美等第三世界国家的大陆成长。

图77 玻利维亚的主日学校儿童们

图78 巴西利亚的大圣堂

北美在20世纪的百年期间，基督教只增长了3.3倍，不过是整个世界增长率的3.6%。特别在1970年以后增长率明显下降。问题是欧洲，欧洲虽然是古老的基督教地域，但是进入20世纪后半叶以来，信徒的数目反而日益减少，信徒出席礼拜的比率明显下降。1900年，欧洲基督教人口占全世界基督教人口的68.2%，但是到了2000年，所占比例下降到了28%。20世纪90年代，苏联解体后，只是东欧的基督教才有所发展。

图79 复兴的美国福音主义教会

图80 参与街头赞美聚会的德国青年们

남미에서 과거에는 90%이상이 천주교도였지만, 20세기 70년대 이래로 복음주의 계통이 발전하여 오늘날 1,800만 명 이상의 개신교인이 있고, 그 중 75%이상은 오순절교회에 속해 있다. 이와 같이 19-20세기 기독교의 성장은 주로 아프리카, 아시아, 남미 등 이른바 제3세계 대륙들에서 이루어졌다.

한편 북미의 경우 20세기 100년 동안 약 3.3배가 늘었는데 이것은 세계 기독교 전체 증가율인 3.6%에 미치지 못한다. 특히 1970년 이후에는 증가율이 현저히 떨어졌다. 문제는 유럽이다. 유럽은 전통적인 기독교 지역이지만, 20세기 후반 들어 오히려 신도의 숫자가 줄어드는 추세이고, 예배 참석률 역시 하강하고 있다. 1900년에 유럽의 기독교 인구는 세계 전체 기독교 인구의 68.2%를 차지했지만, 2000년의 경우에는 28%로 떨어졌다. 다만 소련이 해체되면서 20세기 90년대 이후 동유럽의 기독교가 발전하고 있다.

如此看来，基督教的形势发生了大转变，可以说基督教在非洲和亚洲大陆有着耀眼的成长，在南美洲和大洋洲有小幅度的成长，在北美大陆有小幅度的衰退，在欧洲大陆大幅度衰退。拿1900年和2000年的数据作比较，非洲大陆的基督徒人数所占世界基督徒人数的比率从1.8%急速上升到18%，亚洲大陆由3.9%上升到15.6%，　南美从11.1%上升到24.1%，而北美从14.1%下降到13%，欧洲从68.2%剧减到28%。事出何因，我在前面已经阐述过了。最终，我们可以遥望，在未来的10-20年里，占据世界基督徒人口2/3以上的，将是非洲、亚洲和南美的人们。特别是，根据教会的成长趋势，我们可以预见21世纪基督教的重要舞台将会是亚洲和非洲。

早在1900年，世界上每三个人就有一个是基督徒，因此，当时的宣教士有着非常乐观的盼望，事实上，基督徒人数从1900年的5亿5千8百万，增长到2000年的20亿，相当于世界人口的1/3。特别在20世纪，基督教被普遍接纳为第三世界发展中国家的宗教。在发展水平低的国家中，基督徒的人数从1900年的8千3百万急剧发展到2000年的11亿2千万人。因此，虽然20世纪初基督徒的81%是白人，但是到了20世纪末，白人所占的比例下降到45%。这里有了一个重要的变化，就是曾以欧洲和白人为中心的基督教变成了一个没有中心点的基督教，成长主要发生在南半球地区。进入19-20世纪以来，发展成为历史上范围最广泛的、最为普遍的基督教的另外一个侧面。换言之，基督教虽然经历了伟大的宣教世纪，在20世纪末成为世界性的宗教，但是其中心也随之变化移动。

이렇게 본다면 그리스도 교세의 변화에서, 아프리카와 아시아 대륙은 눈부신 성장, 남미와 오세아니아 대륙은 소폭 성장, 북미 대륙은 소폭 쇠퇴, 유럽 대륙은 큰 폭으로 쇠퇴의 길을 가고 있다고 할 수 있다. 1900년과 2000년을 비교했을 때, 아프리카 대륙의 경우 세계 전체 그리스도인 대비 그리스도인 비율이 1.8%에서 18%로 급증했고, 아시아 대륙은 3.9%에서 15.6%, 남미의 경우는 11.1%에서 24.1%로 늘어났다. 그러나 북미의 경우는 같은 기간동안 14.1%에서 13%로 감소했고, 유럽의 경우 68.2%에서 28%로 급감했다는 사실은 이미 언급했다. 결국 앞으로 10-20년 내에 세계 그리스도인 인구의 2/3 이상이 아프리카, 아시아, 남미의 사람으로 채워지게 될 전망이다. 특히 교세의 증가 추세를 감안하면 21세기 기독교의 주요 무대는 아시아와 아프리카가 될 것으로 예상한다.

이미 1900년에 지구상의 세 사람 가운데 한 사람은 그리스도인이 되었기 때문에 당시 선교사들은 아주 낙관적인 전망을 가지고 있었다. 실제 1900년의 5억 5천 8백만 명의 그리스도인 인구가 2000년에는 20억 명으로 늘어났다. 이것은 세계 인구 1/3에 해당한다. 특히 20세기에 기독교는 제3세계 개발도상국의 종교로 받아들여졌다. 세계 저개발국들 가운데 그리스도인 인구는 1900년의 8천 3백만 명에서 2000년에 11억 2천만 명으로 급성장하였다. 따라서 20세기 초에는 그리스도인의 81%가 백인이었지만 20세기 말에 그 비율은 45%로 줄어들었다. 여기에는 중요한 변화가 있다. 백인, 유럽 중심의 기독교가 구심점이 없는 기독교로 바뀌고 있으며, 성장은 주로 지구의 남반구에서 일어났다는 점이다. 이것이 19-20세기에 들어와, 역사상 가장 광범위하고 보편적인 세계종교로 변모하게 된 기독교 성장의 이면이다. 다시 말해 기독교는 위대한 선교의 세기를 지나 20세기 말에 이르기까지 세계적인 종교로 성장했지만, 분명히 중심의 이동이 일어나고 있다는 사실이다.

今天，基督教分明成了世界宗教，世界的每个角落都有基督教在传播，都受到基督教很大的影响。尽管新教在全世界范围内英勇奋战，但还是只有在亚洲和非洲有所成长，特别是由信仰热忱的教会在主导复兴。比如说具有圣灵降临运动或恩赐运动的性质，这可谓宗教的再圣化的过程。五旬节教会虽然开始于20世纪初的北美，却在南美、非洲和亚洲地区迅速扩展。

如此现实从某种意义上指出了：依然依靠北美和欧洲的历史和传统的基督教，有必要有神学上的新思考。例如，有必要产生一种神医治的神学，对身处饥荒和艾滋病的痛苦中呻吟的非洲人加以抚慰；有必要产生一种亚洲神学，针对那些在新自由主义的弊端、多种宗教文化、种族矛盾和理念矛盾下受苦的亚洲人。而且，反映火热信仰的亚洲和非洲基督教文化，将会成为开拓新的21世纪基督徒文化的内容。在面临很多挑战的情况下，亚洲、非洲教会的成长和思考将会决定新时代新教教会的发展如何。

오늘날 분명히 기독교는 세계종교가 되었다. 세계 구석구석에 기독교가 전파되었고, 커다란 영향을 미치고 있다. 개신교의 전반적인 고전에도 불구하고, 아시아, 아프리카에서 성장하고 있고, 특히 뜨거운 신앙적 열정을 가진 교회들이 부흥을 주도하고 있다. 이를테면 성령강림운동, 카리스마 운동의 성격을 갖는다. 이것은 소위 종교의 재성화 과정이라고 말할 수 있다. 오순절교회는 20세기 초 북미에서 시작되었으나 남미와 아프리카, 아시아에서 빠르게 확산되고 있다.

이와 같은 현실은 어떤 의미에서 여전히 북미와 유럽의 역사와 전통에 의존하고 있는 기독교에 새로운 신학적 고민이 필요하다는 것을 지적해 준다. 이를테면 아프리카의 기근과 가뭄, 에이즈로 신음하고 있는 아프리카인을 향한 위로와 신유의 신학이 요구될 수 있다. 신자유주의의 폐해와 다양한 종교문화, 인종적 갈등, 이념적 갈등 등으로 고통 받는 아시아인의 신학이 필요하다. 또한 신앙적 열정을 반영하는 아시아, 아프리카 기독교 문화가 새로운 21세기 기독교의 문화를 개척해 나가는 현장이 될 수 있다. 개신교를 향한 도전이 적지 않은 상황에서 개신교회의 발전을 가늠할 수 있는 새로운 도약은 아시아, 아프리카 교회의 성장과 고민 여하에 달려있다고 해도 과언이 아닐 것이다.

第六章 中国的基督教

基督教最早进入中国的历史记录，是以唐朝的景教身份。聂斯托利派宣教士从叙利亚出发经过波斯，于唐太宗贞观9年，即A.D.635年到达中国的西安（当时的长安），因此，中国人一开始称基督教为波斯教，教堂为波斯寺，后来才称其为景教，“景”就是“光明”（日大)的意思。唐德宗时期(781年)所立的“大秦景教流行中国碑”在明朝(1623年)时被发现于西安近郊，景教碑详细地介绍了中国景教的传入和复兴的情况，但是到了唐朝末期(845年左右)，景教就与其他外来宗教一起因迫害而消失了。

图81 西安碑林的景教碑(8世纪)

图82 宋朝时期发现的景教圣经翻译本(7世纪)

제6장 중국의 기독교

중국에 기독교가 처음 전달된 역사적 기록은 당나라 때의 경교로 나타나 있다. 네스토리우스파 기독교가 시리아를 출발하여 페르시아를 거쳐 당 태종 정관(貞觀) 9년 즉 A.D.635년에 중국의 서안(西安, 唐의 長安)에 도착한 것이다. 그래서 중국인들은 애초에 이것을 페르시아교, 페르시아사라고 부르다가 나중에 경교(景敎)라고 부르게 되었다. '景'은 '빛이 크다'(日大)는 뜻이다. 당 덕종 때(781년)에 세운 "大秦景敎流行中國碑"가 명대(1623년)에 서안 부근에서 발견되었는데, 여기에 당대 경교의 전래와 부흥에 대하여 자세히 소개되어 있다. 그러나 당말(845년 경)에 이르러 경교는 다른 외래종교들과 함께 핍박을 받으면서 사라지고 말았다.

后来到了元朝的时候，有称为“也里可温”的基督教在中国重新兴起。也里可温在蒙古语中是“带来福份的人”(有福緣之人)之意，是再次复兴的景教和进入中国的天主教的合称。因为创建元朝的蒙古族是边境的少数名族，对外来的宗教持有相对宽容的态度，这为景教的重新复兴提供了条件。1294年，教皇派孟德高维诺作为特使到元大都（今北京）大力发展天主教。在北京西南燕山三盆山内，有一座闻名的元朝也里可温遗址—十字寺，其中的石碑和相当规模的修道院遗迹，显示了元朝基督教曾经一度繁荣的景象。但是，伴随着1368年元朝的灭亡，也里可温教再次销声匿迹。过于依赖皇室宗教宽容政策发展起来的宗教，成长也快，消失也快。

图83 中国的圣母子(大约1600年)

图84 元代的十字寺（大都，今北京）

그 후 원나라 때에는 ‘야리가온(也里可溫)’ 이라는 이름으로 기독교가 중국에서 다시 일어나게 되었다. 야리가온은 몽고어로 “복을 가져오는 자”(有福緣之人)이라는 뜻인데, 원나라에서 다시 부흥한 경교와 새롭게 중국에 들어 온 천주교를 함께 일컫는 말이다. 원조를 세운 몽고족은 변방의 소수민족으로 출발하였기 때문에 외래종교에 대하여 관대하였고, 이에 경교가 크게 부흥할 수 있는 여건이 만들어졌고, 천주교도 1294년 몬테코르비노(Monte Corvino)가 교황의 특사 자격으로 베이징에 도착하면서 크게 발전하였던 것으로 알려진다. 베이징 남서쪽 연산(燕山)의 삼분산(三盆山)에는 원대 야리가온의 유적으로 알려진 십자사(十字寺)가 두 개의 비문(碑文)과 함께 상당한 규모의 수도원 흔적을 남겨놓고 있어 원대 기독교가 번성했음을 보여준다. 그러나 야리가온 역시 1368년 원조가 멸망하면서 다시 사라지고 말았다. 왕실의 종교적 관용에 지나치게 의지하며 발전했던 종교가 성장하는 것도 급작스러웠지만 사라지는 것도 순식간이었음을 보게 된다.

把基督教第三次进入中国的，明末清初时期的天主教耶稣会。宗教改革使天主教在欧洲丧失了一部分地位。耶稣会是为要恢复天主教的势力，召集一批忠心的年轻人作为骨干的宣教团体。他们当中来到亚细亚的宣教士，是一些具有贵族性质的人文主义倾向的人。当时的欧洲，兴起了巴聂池(预定论)和摩里纳(自由意志)的争论，并在南美宣教背景中发展了第二托马斯主义(Thomism)。来到中国的宣教士受此影响，认为在日本和中国这样宣教现场的文化思想中也存在有关神的知识。因此，兴起了基督教思想和中国的儒教哲学、佛教哲学之间的对话与交流，这引发了史无前例的宗教大讨论。当时恰值明清交替时期，中国需要西方先进的技术和人才，对宣教士的到来表示十分欢迎，甚至容纳宣教士们的思想。

图85 澳门的方济各沙忽略像

图86 利玛窦与徐光启

세 번째로 기독교가 중국에 들어 온 것은 명말청초(明末淸初) 천주교 예수회(耶蘇會)의 노력에 의해서였다. 예수회는 종교개혁 이후 유럽에서 상당 부분 지위를 잃은 천주교가 세력을 회복하고자 진취적이고 충성스런 젊은이들 중심으로 세운 선교단체였다. 이들 중 아시아에 도착한 선교사들은 귀족적이고 인문주의적인 성향을 가지고 있었고, 유럽에서 일어났던 바네즈(Banez, 예정론)와 몰리나(Molina, 자유의지)의 논쟁 그리고 남미 선교의 배경 속에서 발전한 제2토미즘(the second Thomism)의 영향을 받아 일본이나 중국 같은 선교 현지의 문화 사상 가운데 하나님에 관한 지식이 있다고 보았다. 그리하여 기독교 사상과 중국의 유교철학, 불교철학과의 대화가 일어났던 것이다. 이것은 유례없는 종교적 토론을 일으켰다. 마침 명청 교체기의 중국은 서양의 선진 기술과 인재가 필요하여 이들의 도래를 환영하였고, 선교사들의 사상까지 용납하는 분위기가 만들어졌다.

继孟德高维诺的后尘，沙勿略(Francisco Xavier)于1551年抵达广洲上川岛，紧接着，利玛窦(Matteo Ricci)于1583年在肇庆建立教会，为天主教的发展奠定了基础。 1601年，利玛窦到达北京，用耶稣会适应文化的宣教方式取得了很大的成果，这成果由汤若望 (Adam Shall)、南怀仁(Verbiest)等宣教士和徐光启、李之藻、楊廷筠等中国知识分子信徒继承。利玛窦在徐光启的帮助下，著述了《天主实义》，这本书不仅在中国而且在当时的朝鲜都有很大的影响，帮助人们从“抑佛補儒论”的视角上来理解天主教。徐光启、李之藻、楊廷筠都受了洗，成为明末天主教的三大柱石。天主教在中国不断地持续发展，到了18世纪初，已经有3大主教区(澳门、南京、北京)， 30多万信徒。在耶稣会在中国还建立的神学院，就连朝鲜也有也远道慕名而来留学的神学生，徐光启也在那院读过书。在北京很多圣堂出现了，其中代表的是利玛窦亲自建立的天主教南堂(宣武门堂)，后来，在朝廷活跃的天主教宣教士官吏去世后也被郑重地埋葬在北京近郊。

图87 《天主实义》

图88 北京天主教南堂

당시 포르투갈의 중국 진출과 함께 프랜시스 사비에르(Francisco Xavier)가 1551년에 광동 상천도(上川島)에 도착했고, 이어 마테오리치(Matteo Ricci, 利瑪竇)가 1583년에 조경(肇慶)에 성당을 세우면서 천주교 발전의 기초를 닦았다. 1601년 북경에 도착한 리치는 예수회 선교사답게 문화적응 선교의 방식으로 큰 성과를 얻었으며, 이것은 아담 샬(Adam Shall, 湯若望), 페어비스트(Verbiest, 南懷仁) 등의 선교사와 서광계(徐光啓), 이지조(李之藻), 양정균(楊廷筠) 등의 중국 지식인 신도들에 의하여 계승되었다. 마테오리치는 서광계의 도움을 받아 《천주실의》를 집필했는데, 이 책은 중국뿐만 아니라 당시 조선에서도 "抑佛補儒論"의 시각에서 천주교를 이해할 수 있도록 큰 도움을 주었다. 서광계, 이지조, 양정균은 모두 세례를 받아 명말의 천주교 3대 기둥이 되었으며, 계속 발전하여 중국의 천주교는 18세기 초에 이미 3곳의 주교구(마카오, 남경, 북경), 신도 수 30여만 명의 규모로 성장하였다. 마카오에는 신학교가 설립되어 멀리 조선의 신학생이 유학을 왔고, 서광계 역시 이곳에서 수학한 바 있다. 북경에는 마테오리치가 1605년에 직접 개척하여 세운 천주교 남당(宣武門堂)를 비롯하여 여러 성당이 세워졌고, 당시 조정에서 활약했던 천주교 선교사 관료들은 베이징 근교에 정중하게 묻혀 있다.

但是在以佛教界人士为主的中国传统社会的反对下，在宣教会内部矛盾激化的情况下，爆发了“礼仪之争”事件。18世纪初，罗马教皇和中国的皇帝都各自宣布断交。礼仪之争在发生在1611年，是由利玛窦去世后，他的继承者龙华民(Nicolas Longobardi)向罗马教廷提出对耶稣会宣教政策的意见的时候引生的。具体地说，就是在“神的名”问题上和‘祭祖祠孔’的祭祀问题上，龙华民向教皇提出了保守的意见。而耶稣会和多明我会之间已在欧洲发生了的争端，矛盾日益激化，最终发展到教廷与中国皇帝之间的对立。18世纪初，教皇克莱门特十一世和康熙皇帝相互下达强硬的政策，中国从此大门紧关，施行禁教有一百年之久，这一禁令直到在签订不平等条约《黄埔条约》(1843年)的补充条约时由法国提出才解除。

그러나 불교계 인사를 비롯한 중국 전통사회의 반대와 선교회 내부의 갈등으로 인하여 ‘전례논쟁(典禮論爭)’이 확대되면서, 18세기 초 로마 교황과 중국의 황제가 각각 관계의 단절을 선포하고 말았다. 전례논쟁은 1611년 마테오리치가 사망하면서 그의 후계자인 롱고바르디(Nicolas Longobardi, 龍華民)가 예수회의 선교정책에 대해 이견을 제시하면서 발생하였다. 구체적으로 ‘하나님의 명칭’(神名) 문제 그리고 ‘祭祖祠孔’으로 일컬어지는 제사문제에 대해서 보수적인 입장을 주장하였던 것이다. 이것은 다시 예수회와 도미니칸(Dominican)선교사 사이에 유럽에서 있었던 논쟁을 연상시키는 갈등으로 비화되었고, 결국 교황청과 중국 황제 사이의 대립으로 발전하였다. 18세기 초에 교황 클레멘트(Clement) 11세와 강희제(康熙帝)는 돌아가면서 최종적인 강경책을 발표하였고, 불평등조약인 황포조약(黃埔條約, 1843년)의 후속책으로 프랑스가 해제를 요청할 때까지 금교(禁教) 상황이 100여 년간 계속되었다.

中国新教宣教几乎与近代基督教宣教的历史步调一致。近代宣教伴随着荷兰殖民地产业向亚洲扩展而进行的，18世纪初成立了哈雷宣教会(1701)和莫拉维亚宣教会(1732)。1792年威廉克里所创建的浸信会外邦宣教会，促使了英国的海外宣教全面发达。18世纪的宣教深受德国敬虔主义的影响，而约翰卫斯理所发起的英国福音主义进一步发展成为世界宣教的重大动力。并且还有一个重要的背景是当时英国的社会经济情况。英国当时追求建立世界贸易网，试图占有最高殖民地的地位。早在1708年，英国就建立了东印度公司，1715年还在中国的广东设立了商馆。因此，如果不谈英国和美国的军舰和商船，就谈不了近代海外宣教的历史。

图89 威廉克里

图90 伦敦的英国东印度公司总部

중국 개신교 선교는 근대선교의 역사와 거의 일치한다. 근대선교는 일찍이 네덜란드의 식민지 사업이 아시아로 미치면서 17세기에 이미 발전이 있었다. 18세기 초 할레선교회(1701), 모라비안 선교회(1732)가 조직되었고, 1792년 윌리암 캐리(William Carey)가 침례회 외방선교회를 조직하면서 영국의 해외선교가 본격화되었다. 18세기의 선교는 독일 경건주의의 영향을 받으며 존 웨슬리 등에 의한 영국의 복음주의가 발전을 한 결과 세계선교에 중대한 동력이 되었다. 또 하나의 주요한 배경은 당시 영국의 사회경제적 상황이다. 영국은 당시 전 세계 무역망을 구축하고 최고의 식민지 권력을 추구하던 나라였다. 1708년에 동인도회사를 세웠고, 1715년에는 중국 광주에도 상관(商館)이 설치되었다. 따라서 근대 해외선교의 역사는 영국 그리고 그 뒤를 이은 미국 등의 상선과 군함을 배제한 채 이해될 수 없다.

18世纪末，圣公会、公理宗、莫拉维亚、卫理公会、长老会等联合成立了一个超教派的伦敦宣教会(1795)，他们派马礼逊(Robert Morrison)到中国宣教，从此开始了新教在中国宣教的历史。伦敦宣教会主要的宣教战略就是掌握中国语，翻译圣经、文字宣教、巡回传道、医疗宣教和教育宣教等。直到中国建立社会主义政权为止的142年期间，大约有6,200多名的西方宣教士(特别是英国和美国)来到中国。他们当中有人效法戴德生(Hudson Taylor)，带领了很多人寻求到灵魂的救恩，也有很多人效法李提摩太(Timothy Richard)，对中国的洋务运动、变法运动有所影响。

图91 罗伯特马礼逊

图92 戴德生

18세기 말, 국교회, 회중교회, 모라비안, 감리교, 장로교 등이 연합하여 결성한 초교파 런던선교회(London Society, 1795)는 로버트 모리슨(Robert Morrison, 馬禮遜)을 중국에 파송하여 중국선교의 역사가 시작되었다. 주요전략은 중국어 습득 외에, 성서번역, 문서선교, 순회 전도, 의료선교, 교육선교 등이었다. 중국이 공산화되기까지 142년 동안 약 6,200여명의 서양선교사(특히 영국과 미국)가 중국에 입국하였다. 이들은 허드슨 테일러(Hudson Taylor, 戴德生) 유형을 따라 적지 않은 구령자를 얻었고, 티모시 리차드(Timothy Richard, 李提摩太)유형을 따라 양무운동(洋務運動), 변법운동(變法運動)에 영향을 미쳤다.

但是，不平等条约和列强的侵略过程与基督教在中国的宣教步调一致，基督教既是其中最大的受惠者，有时甚至也是他们的合作者。因此，教案频发，基督教成为反帝国主义运动前锋民族主义阵营的公敌，很容易就成为反基督教运动的目标。要想让基督教在中国扎根，只有让基督教往民族宗教的这条路转换才行，因而出现了基督教本色化运动。早在19世纪中叶，就有亨利·维恩(Henry Venn)及鲁弗斯·安德森(Rufus Anderson)等人，反思近代宣教，提倡三自运动（自治、自养、自传）。并且为了试图克服在宣教地所产生的弊端，兴起了普世教会运动（Ecumenical Movement），其口号就是“本色化”。创建具有民族色彩的基督教，内涵教会的治理、经济主权、神学反思等问题，因此，三自运动在20世纪初的基督教范畴里，占具主要的课题地位。

图93 南京条约(1842年)

그러나 불평등조약과 열강의 침략과정은 정확하게 기독교의 중국 내 발전과정과 일치하였다. 기독교는 그 최대의 수혜자였고, 때로는 협력자였다. 그리하여 교안(敎案)이 빈번하게 일어났고, 기독교는 반제국주의 운동에 나선 민족주의 진영의 공적이 되었고, 쉽게 반기독교운동의 표적이 되었다. 궁극적으로 중국에 뿌리를 내리기 위해서는 민족종교로의 전환을 이루어야 했다. 그리하여 나타난 것이 토착화(本色化)운동이다. 이미 19세기 중반에 헨리 벤(Henry Venn), 앤더슨(Rufus Anderson) 등의 선교데스크가 근대선교운동에 대해 반성하면서 제창한 삼자운동(自治, 自養, 自傳)이 있었고, 선교지의 폐해를 극복하고 현지화를 도모하기 위해 일어난 에큐메니칼 운동은 '토착화'를 구호로 삼았다. 민족적 색채의 기독교를 세우려는 노력은 자연 교회의 치리와, 경제주권, 신학적 반성의 문제까지 포함하면서, 삼자운동은 20세기 초 중국기독교의 주요 과제로 자리 잡았다.

但是，在1920年本色化运动的果效实在是非常有限的。因为西方教会只是将教会的治理交给了当地人，而财政的、神学的责任依然还握在自己的手里。直到新中国成立，大部分的教会还要依靠西方教会的资助，王明道、赵紫宸等人的神学思想没有得到发展，因此，尚未出现与中国命运同舟共济的真正意义上中国教会。如上所述，在思考如何推动并彻底投入于民族解放、人民解放的事情上，基督教没有积极踊跃，显得势单力薄。解放的钟声反而是由中国共产党领导的中华人民共和国敲响的，帝国主义、封建主义、官僚主义被判定为人民的敌人，基督教被责成在统一战线中改造自己思想。从没有参与艰辛的解放运动的基督教立场来说，这可以说是万幸了。

图94 王明道

图95 赵紫宸

图96 师徒雷登

그러나 1920년대에 나타난 토착화운동의 열매는 아주 제한적인 것이었다. 왜냐하면 교회의 치리만 현지인에게 맡기고 재정적, 신학적 책임은 계속 서방교회에 남았기 때문이다. 신중국 성립 당시까지도 대부분의 교회는 서방교회의 재정적 지원에 의존해야 했고, 왕명도나 조자신 등의 신학사상은 발전하지 못했다. 그러므로 진정한 의미에서 중국의 운명을 함께 고민하는 중국교회의 출현은 아직 없었다. 이미 언급한 것처럼 민족해방, 인민해방의 시대정신을 고민하면서 투철하게 밀고나갈 기독교세력은 극히 제한되었다. 해방의 종소리는 오히려 공산당의 영도 아래 세워진 중화인민공화국의 이름으로 등장하였다. 제국주의, 봉건주의, 관료자본주의는 인민의 적으로 분류되었고, 기독교는 통일전선의 대오 안에서 사상개조의 의무가 부여되었다. 험난한 해방운동과정에 동참하지 않았던 기독교의 입장에서는 그나마 다행이라고 생각할 수도 있을 것이다.

不管怎样，与过去宣教士时期的基督教有所不同，重新思考中国基督教新命运何去何从的吴耀宗等人积极在党和政府的积极支持下，展开了基督教革新运动，断绝与帝国主义的关系，决定建设中国人民名实相符的自治、自养、自传的教会。当时，基督徒在中国6亿人口中不过是84万人而已，尚不是能坐等任教会自发进行革新运动的时机，1950年，周恩来总理表现出了对此事焦虑之心，于是就发展成了在党的主导下进行的签名活动(约有42万人签名)。当时抗美援朝正是如火如荼，中美两国都采取措施，相互冻结对方财产。这就要求中国的基督教要有更为彻底的自我表白，从而开展了控诉运动，还成立了抗美援朝三自革新运动准备委员会。准备委员会于1954年7月在北京召开了第一次基督教全国会议，并在这次会议上改称为中国基督教三自爱国运动委员会。

图97 吴耀宗与毛泽东(1950年)

图98 《天风》

과거 선교사 시기의 기독교와는 다른, 중국기독교의 새로운 운명에 대해 고민하고 있던 오요종 등은 당과 정부의 적극적 지지 아래 기독교혁신운동을 전개하였다. 제국주의와의 관계를 단절하고 중국 인민이 명실상부하게 자치, 자양, 자전하는 인민의 교회를 건설코자 하였다. 그러나 기독교인은 겨우 6억 인구 중 84만 명에 불과했고, 자발적인 교회갱신운동을 기다려줄 수 있는 사회분위기는 아니었다. 주은래 총리는 1950년에 이미 그 조급한 마음을 드러내고 있고, 이것은 당에서 주도하는 서명운동(약 42만 명이 서명)으로 발전하였다. 때마침 터진 한국전쟁 중에 미중(美中) 양국이 상호 재산동결 조처를 취하면서, 중국기독교의 보다 철저한 자기고백을 요구하게 되었고, 이것은 고발운동(控訴運動), 항미원조삼자혁신운동위원회(抗美援朝三自革新運動委員會) 준비위원회의 결성으로 발전하였다. 이 준비위원회는 1954년 7월 베이징에서 열린 제1차 기독교 전국회의를 통해 중국기독교 삼자애국운동위원회로 개칭되었다.

但是，1957年的整风运动(反右派斗争)，1958年的大跃进运动接踵而至，要求基督教有进一步的改造，要求教会用联合礼拜、合并等方法来清算西方的残余， 要求教牧工作者参加劳动改造，三自运动的领导者也只能在有限的范围内活动。接着，就是教会艰难的恶梦期—文化大革命，从1966年开始，不仅宗教团体，就连宗教事务所、统战部都被解散了。但是这一时期也是教会没有帝国主义的任何帮助、独自挺过来的“火的试炼”时期。人活着不是单靠食物的体验，不仅是所谓地下教会的体验，而且也是中国所有基督徒的共同体验。文化大革命时期，基督徒的信仰体验真正地融入了中国的现实，信徒数字大幅度增长。文化大革命与后来的天安门事件、改革开放所导致的秩序混乱一起，成为基督教迅猛成长的背景。

图99 文革时期的归乡

图100 受批判的宗教人士

그러나 생산력 수준의 정체가 발견되던 1957년의 정풍(整風)운동(反右派투쟁), 1958년의 대약진(大躍進)운동이 시작되면서, 기독교는 한 번 더 개조를 요구받았다. 교회는 연합예배, 합병 등으로 서구의 잔재를 청산하고, 교역자는 노동과 학습을 통해 변화되어야 했다. 삼자의 지도자들도 제한된 활동만 허용되었다. 곧 이어서 교회로서는 견디기 어려운 악몽의 시기가 엄습하였으니 곧 문화혁명(文化革命)이다. 1966년부터는 종교단체뿐 아니라 종교사무처, 통일전선부(統戰部)까지 해체되었다. 그러나 이 시기는 제국주의의 도움 없이 스스로 견뎌내야 했던 '불의 단련' 시기였다고 고백되어진다. 빵으로만 사는 것이 아니라는 체험은, 소위 지하교회의 것만이 아니라, 모든 중국기독교인의 공통경험이 되었고, 신앙경험은 진정 중국현실에 녹아진 것이 되었다. 숫자적으로도 대폭 성장하는 기간이 되었는데, 훗날의 천안문사태 시기, 개혁개방 시기의 사회적 혼란과 더불어 기독교 급성장의 배경이 되었을 것으로 생각된다.

1978年召开了的第11届3中全会，开始修正文化大革命的极左路线的错误。而宗教事务所在1977年就恢复正常工作了，开始重新修改宗教政策。1979年3月，共产党正式洗清了统战事业和宗教事业的“投降主义”和“修正主义”的罪名，并承认了三自委员会的成果，在会议上还决议了有关印刷圣经、培养教牧人员、建设教会、国际交流等事宜。接着，1980年第3次基督教全国会议在南京召开，新中国建立以后三自委员会所创和被迫中断的中国基督教协会(CCC)事务得以重新开展。1981年、1982年，各省、各市、各县也设立了三自委员会支部，基督教协会的支部也得以发展壮大。

图101 丁光训主教

图102 南京神学院

1978년 당(黨) 제11차 제3차 중앙위원회 전체회의(三中全會)가 개최되면서, 문화혁명의 극좌파적 과오(過誤)가 수정되기 시작하였다. 이미 1977년에 종교사무국의 업무가 재개되었고, 종교정책도 변화되기 시작하였다. 1979년 3월에 당(黨)은 통전(統戰)사업과 종교사업에 대한 '투항주의(投降主義)'와 '수정주의(修正主義)'라는 죄명을 정식으로 씻어주었다. 삼자회(三自會)의 회의가 열리면서 삼자운동의 역사적 성과를 인정하고, 성경인쇄, 교역자 양성, 교회건설, 국제교류 등을 결의하였다. 이어 1980년의 제3차 기독교 전국회의(남경)에서는 신중국 이후 삼자회가 성립되면서 중단되었던 중국기독교협회(CCC)의 사무를 재개하기로 하였다. 1981년, 1982년에는 각 성, 시, 현의 삼자회 지부(支部)가 속속 재개되었고, 기독교협회 지부도 확대되었다.

因此，中国基督教发展成为由三自委员会（宗旨是：坚持自治、自养、自传，独立自主自办教会的原则，带领全国基督徒爱国爱教、荣神益人；遵守宪法、法律、法规和国家政策，弘扬高尚的道德风尚；增强教内外团结，为办好中国教会提供服务，引导全国基督徒为构建社会主义和谐社会发挥积极作用，使中国基督教与社会主义社会相适应。—三自会章程第3条）和基督教协会（宗旨是：坚持自治、自养、自传，独立自主自办教会的原则，团结和带领全国所有信奉上帝、承认耶稣基督为主的基督徒，走爱国爱教、荣神益人的道路；在圣灵的引领下，同心合意，遵照圣经真理，制订和完善我国教会规章制度，办好教会。引导全国基督徒为构建社会主义和谐社会发挥积极作用，使中国基督教与社会主义社会相适应。—基协 章程第4条)的两会体制。

当然，中国的宗教政策，是在宪法36条所规定的信仰和不信仰的自由、国家教育制度独立、外国势力不得干涉、保护社会秩序和人民身体健康等前提下制定的。从建设社会主义强国、联合一切爱国势力的统一战线角度来看，基督教由国务院和各省各市的宗教管理部分来管理。为此，1982年颁发的《中共中央关于我国社会主义时期宗教问题的基本观点和基本政策》（19号文件），1994年的《中华人民共和国境内外国人宗教活动管理规定》和《宗教活动场所管理条例》，1996年的《中国基督教协会章程》和《中国基督教教会规定》，2005年的《宗教事务条例》等。虽然颁发了“国家工作人员非法剥夺公民的正当的宗教信仰自由和侵犯少数民族风俗习惯，情节严重的，处二年以下有期徒刑或者拘役。”的刑法(刑法147条)，但是，这里所谓基督教会只限于三自教会，所以宗教政策局限在聚会、团契、言论、出版等应当为社会主义建设服务的宪法内。

이로써 중국기독교는 삼자회(자치, 자양, 자전, 자주적인 독립교회의 원칙을 지켜내고, 전국의 그리스도인을 애국애교와 榮神益人의 정신으로 인도하며, 헌법과 법률, 법규, 국가정책을 준수하고, 고상한 도덕적 면모를 드높이며, 교회 내외의 단결을 증진시켜 중국교회가 자리 잡을 수 있도록 지원하며, 전국의 그리스도인들이 사회주의와 평화적인 사회의 건설을 위해 적극적인 역할을 발휘할 수 있도록 인도하고, 그리고 중국기독교와 사회주의가 서로 조화를 이룰 수 있도록 돕는 데 목적이 있다. - 장정 제3조)와 기독교협회(자치, 자양, 자전, 자주독립교회의 원칙을 지키고, 하나님을 믿고 예수 그리스도를 주로 인정하는 모든 그리스도인을 단결시키고 인도하여, 애국애교, 榮神益人의 길을 걷게 하고, 성령의 인도하심 아래 마음과 뜻을 합하고 성경의 진리를 따라 우리나라 교회의 규칙을 제정하고 보완하며, 교회를 잘 꾸려내고, 이로써 전국의 그리스도인들이 사회주의와 평화사회를 건설함에 있어서 적극적 역할을 발휘하고, 중국기독교와 사회주의가 서로 조화를 이룰 수 있도록 돕자는 데 그 목적이 있다. - 기협 장정 제4조)의 소위 양회(兩會)체제로 발전하게 된 것이다.

물론 중국의 종교정책은 헌법 36조에서 규정하는 신앙과 불신앙의 자유, 그리고 국가교육제도의 독립, 외국세력의 불간섭, 사회질서와 공민 신체건강의 보호 등을 기초로 작성되며, 사회주의 강국을 건설하기 위한 애국세력의 연대라는 관점에서, 국무원과 각 성급 단위의 종교사무국, 현, 시급(縣市級)의 종교관리부문이 관리한다. 이를 위해 1982년 <우리나라 사회주의 시기 종교문제에 관한 기본관점과 기본정책>(19호 문건)을 발표하였고, 1994년에 <중화인민공화국 경내 외국인 종교활동 관리규정>과 <종교활동장소 관리조례>, 1996년에 <중국기독교협회장정>과 <중국기독교교회규정>, 2005년에 <종교사무조례>등을 발표하였다. “공무원이 종교신앙 자유를 침해하면 2년 이하의 징역” (형법 147조)을 받게 되지만, 기독교회는 일단 삼자교회로 제한하고 있기 때문에, 종교정책은 집회, 결사, 언론, 출판이 사회주의 건설에 복무해야 한다는 헌법의 제약 안에 놓여 있는 것이다.

不管怎么样，在涉及所有领域的中国宪法范围之内，三自委员会和基督教协会（基督教两会）共同召开了1986年的第4次全国会议(北京)、1991年的第五次全国会议(北京)、1996年的第6次全国会议(北京)， 2004年的第七次全国会议(北京)，2008年的第八次全国会议（北京），并且做了印刷圣经、赞美诗、讲道集等文字工作，开展了神学教育、教会建设、海外交流等工作，朝着‘三好’的方向前进。这些活泼的工作，既是改革开放政策的成果，也是对非公认教会加以限制和对海外宗教侵略有所牵制的理由。而不接受新中国在初期和文化大革命时期所要的社会课题，转入地下的教会集团，再一次决心要持守所谓超越的纯正信仰，有时与国外宗教势力有牵连，从而引起党政上的敏感和紧张。

图103 北京海淀堂的礼拜

图104 北京海淀堂的外观

여하튼 모든 영역에 미치고 있는 중국헌법의 범위 안에서, 삼자회와 기협은 1986년의 제4차 전국회의(베이징), 1991년의 제5차 전국회의(베이징), 1996년의 제6차 전국회의(베이징), 2004년의 제7차 전국회의(베이징), 2008년의 제8차 전국회의(베이징)를 공동 개최하였고, 성경인쇄, 찬양집, 설교집 등 문서출판, 신학교육, 교회건립, 해외교류 등을 전개하면서, '삼호(三好)'를 이루기 위해 매진하고 있다. 이러한 활발한 활동은 개혁개방정책의 열매이면서 동시에 비공인(非公認)교회에 대한 제재(制裁)와 해외의 종교침투에 대한 견제(牽制)의 이유가 되고 있다. 신중국 초기 또는 문화혁명시기의 사회적 과제를 받아들이지 않고 지하로 잠입한 교회단체는 다시 한 번 소위 초월적 순수신앙을 다짐하고 있고, 때로 외국 종교세력과의 연계로 인하여 당정(黨政)을 긴장하게 한다.

第七章 韩国的基督教

前面我们说过了中国景教复兴于唐朝时期，那相当于韩国的三国时代和新罗的统一时代。从当时新罗和唐朝密切交流的情况来看，景教有可能也传到了韩国，在韩国也发现了几处不是特别明显的遗迹。基督教正式传入韩国，是在清朝时期，由中国的天主教传入的。丙子胡乱，清朝将昭显世子作为人质带到中国北京，昭显世子在北京期间与汤若望（Adam Shall）有所交流，回国时带了一些天主教徒的侍从。

图105 澳门的金大建神父像

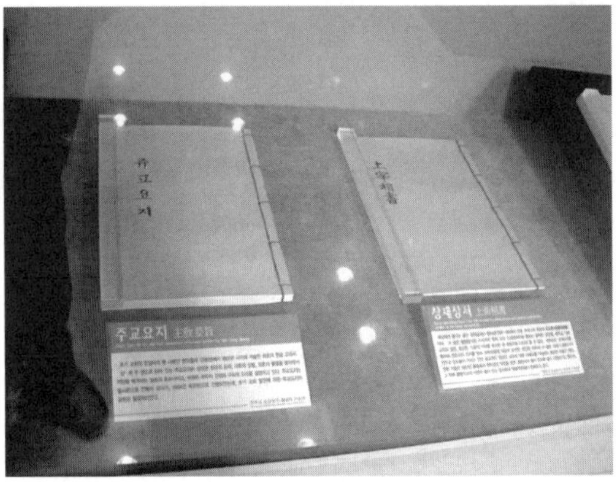

图106 《主教要旨》与 《上宰相书》

제7장 한국의 기독교

중국의 당나라 때에 경교가 부흥했다는 얘기를 앞에서 했다. 이때는 한국의 삼국시대, 그리고 이어서 신라의 통일시대에 해당한다. 당시 신라와 당나라와의 활발한 교류관계를 보았을 때 경교가 한국에 전래되었을 가능성이 있고 미흡하지만 어느 정도 흔적도 발견된다. 그러나 본격적으로 기독교가 한국에 전래된 것은 청나라 때에 중국의 천주교를 통해서 이루어졌다. 병자호란(丙子胡亂) 때에 소현세자(昭顯世子)가 볼모로 잡혀 가 있었는데, 그는 당시 베이징에서 아담 샬(Adam Shall)과 교제를 나누었고, 귀국하면서 천주교인 시종(侍從)들을 거느리고 왔다.

朝鲜后期，朝鲜的实学者对天主教有所关心，这是因为他们一开始认为天主教是代替理学旧秩序的新兴思想的缘故。从18世纪中叶开始，有李瀷、洪大容、权哲身、 权日身、 丁若镛兄弟、李家焕和李檗等人开始研究汉文西书，并从中受信仰的启发，于是1784年李承薰在北京受洗，回来后建立了天主教的信仰共同体，特别有一些是对新思想和宗教持有开放态度并积极参与的中人阶层人士。但是，和中国的情况一样，因为祭祀祖先等问题，天主教在韩国也遭受了传统社会的迫害，接二连三发生了辛酉迫害(1801)、丙寅迫害(1866)等事件。针对这样的迫害，丁夏祥撰写《上宰相书》为信仰作辩护；黄嗣永写了《帛书》，试图依靠罗马的军事力量，寻求解决的方法。

图107 在杨花津的外国宣教士公墓

图108 黄嗣永的《帛书》

조선 후기에 천주교가 조선 실학자들의 관심을 얻게 된 것은, 애초에 성리학적 구질서를 대체할 신흥사상으로 여겨졌기 때문이었다. 그 결과 18세기 중엽부터 이익, 홍대용, 권철신, 권일신, 정약용 형제, 이가환, 이벽 등이 나서서 한역 서역서 들을 연구하였다. 이것이 계기가 되어 신앙적 관심으로 나아갔고, 드디어 1784년 이승훈이 북경에서 영세(領洗)를 받고 오면서 천주교 신앙공동체가 탄생하였다. 특히 새로운 사상과 종교에 개방적인 중인(中人) 계층의 적극적인 참여가 있었다. 그러나 중국에서와 마찬가지로 조상제사 등의 문제와 관련하여 전통사회의 박해가 있었고, 신유박해(辛酉迫害, 1801), 병인박해(丙寅迫害, 1866) 등으로 이어졌다. 그와 같은 박해상황에서 정하상의 《상제상서(上宰相書)》는 신앙의 변증을 위해 나왔고, 황사영의 《백서(帛書)》는 로마의 힘에 의지하여 해법을 모색하고자 출현한 것이었다.

通过在中国和日本活动的宣教士，新教宣教界对韩国开始表示关注。当然，和天主教初次进入韩国时期一样，一些对过去旧秩序和思想深感不足、渴望新的思想的人们，使基督教的发展成为可能。他们是一些在西北地区与清朝做贸易时接触了进步思想的中人阶层。在李应赞、徐相仑等人帮助下，苏格兰宣教士罗斯（John Ross）翻译了韩文《예수셩교누가복음젼서》(耶稣圣教路加福音全书，1882)，1887年又发行了名为《예수셩교젼서》（耶稣圣教全书）的新约圣经全译本。徐相仑1883年5月16日在黄海道松川建立了韩国第一所教会—소래(松川)教堂；而作为使节团的随行人员出访日本的李树廷受洗，翻译了韩文版的马可福音（1884年）

图109 松川教会

图110 最初的韩文圣经(1882年)

개신교가 한국에 관심을 갖게 된 것은, 중국이나 일본에서 활동하고 있던 선교사들의 관심에 의해서였다. 물론 천주교 진입 시기와 마찬가지로, 재래 질서와 사상에 부족함을 느끼면서 새로운 사상에 갈급해 하던 사람들의 요구가 있었기 때문에 가능한 것이었다. 이들은 서북지역에서 청나라와 무역을 하면서 진취적인 사상에 접하고 있던 중인계층이었다. 그리하여 이응찬, 서상륜 등이 스코틀랜드 선교사 로스(John Ross)를 도와 한글 《예수셩교누가복음젼서》(1882)를 냈고, 1887년에는 《예수셩교젼서》라는 신약성경 완역판이 발행되었다. 서상륜은 1883년 5월 16일 황해도 송천에 한국 최초의 교회인, 소래교회를 세웠다. 일본에서는 사절단의 수행원으로 갔다가 세례를 받은 이수정이 한글 마가복음을 번역하여 출판하였다.(1884년)

1885年4月5日复活节的早晨，韩国新教最早的牧师宣教士亚扁薛罗(Appenzeller)和元杜尤(Underwood)拿着李树廷翻译的《马可福音》在仁川的济物浦港口登陆。来到韩国后，他们从事教育和医疗事业的服务，这是曾在日本工作的美国卫理工会宣教士麦克利(Maclay)早就从朝鲜高宗皇帝得到许可的事业。将宣教地从中国迁入韩国的安连(Allen)开始了医疗宣教，建立了韩国最早的西医院广惠院（后来的济众院），施兰敦(Scranton)则设立了最早的民间医院—施病院。美国卫理公会世界宣教部所派送的教师宣教士亚扁薛罗从1885年就开始教学生英语，并于1886年6月8日正式建立了韩国最早的近代教育机构，就是培材学堂。

图111 在延世大学校园里复原的广惠院

图112 元杜尤宣教士

한국개신교 최초의 목사선교사인 아펜젤러(Appenzeller)와 언더우드(Underwood)가 이수정의 《마가복음》을 들고 인천의 제물포항에 상륙한 것은 1885년 4월 5일 부활절 아침이었다. 이들은 일본에 있던 미국 감리교 선교사 매클레이(Maclay)가 조선의 고종(高宗)황제로부터 허락받은 교육과 의료사업을 시작하였다. 중국으로부터 선교지를 옮겨 온 알렌(Allen)이 의료선교를 시작하여 한국 최초의 서양병원인 광혜원(廣惠院, 나중의 濟衆院)을 세웠고, 스크랜턴은 최초의 민간병원인 시병원(施病院)을 설립하였다. 미국감리교회 세계선교부 파송 교사선교사였던 아펜젤러는 1885년부터 학생들에게 영어를 가르치기 시작하여, 1886년 6월 8일에 정식으로 한국 최초의 근대교육기관을 설립하였으니 이것이 배재학당이다.

培材学堂的校名是在1887年由高宗皇帝所赐，命令当代著名书法家丁学教写在牌匾上赠送给学堂的。韩国最早的西式大学建筑物的奉献仪式在1887年9月14日举行，这所建筑物位于现在的首尔市中区贞洞，作为培材历史博物馆，是首尔市第16号文化遗产。培材学堂一开始开设了神学、英语和国汉文这三个系，学堂的校训源自圣经马太福音20章26节的“你们中间谁愿为大，就必作你们的用人”这段经文，被著名的汉学家赵翰奎翻译为：“欲为大者当为人役”，直至今日被人乐诵。培材学堂建立以后不久，韩国被日本统治，由于日本对私立学校的干涉，培材学堂的办学被迫停留在中学和高中的课程上。

亚扁薛罗要建立一所国际化大学的梦想被迫延迟了，1950年代末，这梦想再次被培材学子李承晚推动起来，可是因为4.19革命的缘故，重新受挫，直到1977年才最终实现。当时，在大田有同被美国卫理公会差派到韩国工作的许吉来女士(Howard)，她建立的大田保育学院(1955年4月26日)正处于发展状态中。于是两校的财政合并，1978年3月1日成立了培材大田初级大学，之后改名为培材实业专门大学，1981年终于成为今天的四年制正规大学。

배재학당이라는 교명은 1887년에 고종황제가 하사한 것으로서, 당대의 명필이었던 정학교(丁學教)로 하여금 간판을 쓰게 하여 전달되었다. 한국 최초의 서구식 대학 건물인 학교 건물의 봉헌식은 1887년 9월 14일에 있었는데, 이것은 현재 서울시 기념문화재 제16호로서 배재역사박물관이 되어 서울시 중구 정동에 남아 있다. 배재학당은 처음에 신학과, 영어과, 국한문과의 세 학과로 시작하였으며, 학당훈은 "크고자 하거든 남을 섬기라"(마태복음 20:26)인데 이것은 한학자 조한규에 의해서 "欲爲大者當爲人役"으로 번역되어 오늘날까지 애송되고 있다. 배재학당은 아펜젤러가 서거한 후 일제시대를 거쳐 오면서 사립학교에 대한 일제의 간섭으로 인하여 결국 중고등학교 과정으로 정착하였다.

그리하여 국제적 대학으로 발전시키려던 아펜젤러의 꿈은 지연되었고, 1950년 말 이승만 동문에 의해 다시 추진되다가 4.19혁명으로 인해 다시 좌절을 겪은 후 1977년이 되어서야 드디어 실현되었다. 당시 대전에는 역시 미국감리교회 여선교회 파송으로 한국에서 활동하던 허길래(Clara Howard)에 의해 대전보육학원이 설립(1955년 4월 26일)되어 발전하고 있었는데, 양교의 재단이 합병하면서 1978년 3월 1일 배재대전초급대학을 출범시켰던 것이다. 이것은 다시 배재실업전문대학으로 바뀌었다가, 1981년 드디어 오늘날의 4년제 정규대학으로 자리를 잡았다.

图113 培材大学校园的亚扁薛罗像

图114 培材学堂东馆

图115 亚洲使命中心

亚扁薛罗从风华正茂的27岁到1902年6月11日殉道的44岁为止，许吉来从如花似月的28岁到退休的1964年为止，用奉献的爱心所栽培的韩国基督教教育成为振兴韩国近代史的助产室，那成为了爱的负债。1902年，亚扁薛罗乘船准备参加在丽水召开的圣经翻译会议，途中，为了救贞信女学校的女生殉道而死。为了拯救年轻的灵魂，亚扁薛罗献上了自己的生命。为了纪念亚扁薛罗和许吉来的献身精神，2006年，培材大学校和美国联合卫理公会共同协商建立“亚洲使命中心”(Asia Mission Center)，以发展和实践神的爱的教育和宣教为宗旨，开展了各种各样的活动。

27세의 청년 아펜젤러가 1902년 6월 11일 44세의 나이로 순교할 때까지, 또 28세의 처녀 허길래가 1964년 정년퇴임할 때까지 혼신의 애정을 가지고 발전시킨 한국의 기독교 교육은 한국근대사를 일으킨 인재배양의 산실이 되었고, 그것은 사랑의 빛이 되었다. 아펜젤러는 1902년 여수에서 열리는 성서번역회의에 참석하기 위해 배를 타고 가다가 정신여학교 여학생을 구하기 위해 순교한 것으로 전해진다. 참으로 어린 영혼들을 구하고 가르치기 위해 목숨을 바친, 아펜젤러와 허길래의 헌신적인 수고를 기념하여, 2006년 배재대학교와 미국연합감리교회 세계선교부는 공동으로 '아시아선교센터'의 설립을 합의하고 출범시켰다. 아시아 각 곳에서 그리스도의 사랑을 실천하는 교육과 선교활동을 발전시키자는 취지로 여러 가지 프로그램을 진행하고 있다.

二十世纪初，韩国的基督教有着飞跃的发展，与韩国的民众同甘苦共患难，一起度过了日本统治韩国的时期。在这样的时代背景下，韩国教会安慰民众，给他们带来希望，这种方式成为韩国教会复兴的重要原因。1904年到1907年，以元山、平壤为中心发起的大复兴运动，通过圣灵降临和重生的体验，为民众提供了一个避难处。而且，在非基督教国家日本的侵略时期，百姓处于水深火热之中，基督教自然为了民族的独立和建立近代民主国家而奋勇抗争。例如，面对日本的镇压也毫不退缩的和平示威运动— 1919年的3.1运动时期，在独立宣言书上签名的33名民族代表中就有16位基督教人士，当时教会利用全国性的联合网来扩展示威运动。

图116 平壤章臺岘教会(1900年)

图117 柳宽顺烈士的受刑记录表

20세기 초에 비약적으로 발전한 한국의 기독교는 민족의 운명이 일제로 넘어가는 시대적 배경 속에서 민족의 위로와 소망을 제시하는 방식으로 부흥의 기폭제를 발견하였다. 1904년부터 1907년에 이르기까지 원산, 평양을 중심으로 일어난 대부흥운동은 성령의 임재와 중생(重生)의 체험을 통하여 민중들의 피난처를 제공하였다. 또한 비기독교 국가인 일제의 침략이 일으킨 암울한 민족의 처지로 인하여 자연스럽게 기독교는 민족의 독립과 민주적 근대국가의 수립을 위해서도 노력하였다. 예를 들어 일제의 탄압에 맞서 일어난 평화적 만세운동인 1919년의 3.1운동 때에 독립선언서에 서명한 33인의 민족 대표 가운데 16명이 기독교 출신 인사였고, 당시 교회는 전국적인 조직망을 이용하여 만세운동을 확산시켰다.

日本统治后期，民族运动气势削弱，教会带头进行节俭运动和农村启蒙运动。很多的教牧者走访荒僻的农村，效法耶稣基督在地上的传道生活，崔容信传道士就是其中之一。1931年，她到泉谷教会赴任，3年4个月期间尽心竭力于扫盲和民族教育事业上，1935年，25岁的她过早地离开了人世。沈熏的小说《常绿树》就是以崔容信为主人公而写的。虽然崔容信的生活看起来好像失败了，但是她效法耶稣的榜样，尽心尽性爱邻舍的宝贵生活，至今仍感动着许多人。

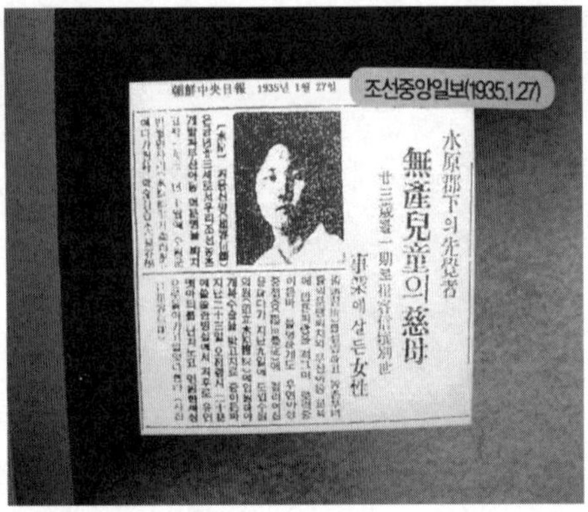

图118 崔容信传道士归天家的报道

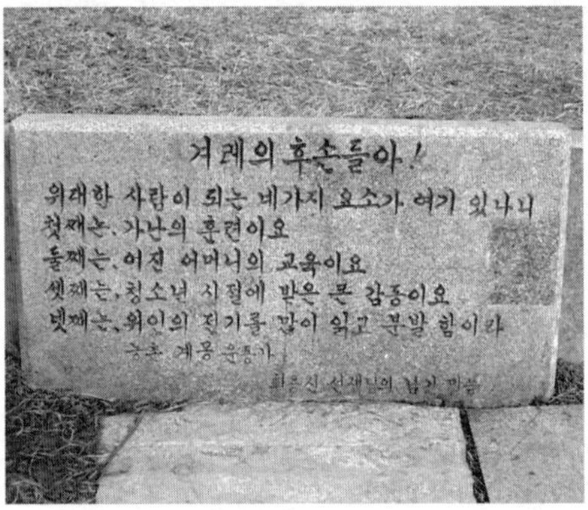

图119 崔容信传道士的遗训

그러나 일제 말기에 민족운동은 기세가 꺾였고, 교회는 절약운동이나 농촌 계몽운동 등에 나섰다. 많은 지도자들이 황폐한 농촌에 찾아가 예수 그리스도의 삶을 재현하고자 노력하였는데, 최용신(崔容信) 전도사가 바로 그와 같은 분이었다. 그녀는 1931년에 샘골교회(당시 천곡교회)에 부임하여 3년 4개월 동안 혼신의 힘을 다하여 문맹 퇴치와 민족교육에 힘을 쏟았고, 1935년 25세에 소천하였다. 심훈의 《상록수》는 바로 최용신을 주인공으로 하여 쓴 소설이다. 실로 최전도사의 삶은 실패 같아 보이지만, 예수의 모범을 따라, 가장 귀한 이웃 사랑의 삶을 위해 최선을 다해 달려 간 것이었고, 오늘날까지도 많은 이들에게 큰 감화를 주고 있다.

日本统治后期，当局要求教会参拜神社，有很多教会屈服了。韩国最终在1945年突然迎来了民族解放，教会那是没有做好解放的准备，正如分裂的韩国民族一样，教会也四分五裂。在这过程中，1950年清算殖民地时代、建立新民族国家之前韩国战争爆发了。韩国战争不仅极大地破坏了南北韩的国土，也毫不例外地破坏了教会，特别是北部地区的教会。因此，北方有很多基督徒南下，在战争的废墟上重新开始建造南韩教会，但是从某种意义上可以说，战争将人的信仰锻炼得更加纯真，这战争的试炼中，出现了很多像孙良元牧师一样的人。

图120 战场里的礼拜

图121 祈祷的手（殉道者纪念馆）

일제 말기에는 신사참배(神社參拜)를 요구하여 적지 않은 교회들이 굴복하기도 하였지만, 한국 민족은 결국 1945년에 갑작스럽게 민족의 해방을 맞이하였다. 교회는 해방을 준비하지 못하고 분열되어 있던 한국 민족만큼이나 사분오열되어 있었다. 그러던 중 식민지 시대를 청산하고 새로운 민족국가를 세우기도 전인 1950년에 한국전쟁이 일어났다. 한국전쟁은 남북한을 막론하고 국토 전체를 철저히 파괴하였고 교회도 예외가 아니었는데, 특히 북쪽지역에 있던 교회가 그러하였다. 그리하여 많은 그리스도인들이 남쪽으로 향하였고, 전쟁의 폐허 위에서 남한교회는 다시 시작해야 했다. 그러나 어떤 의미에서 전쟁은 신앙의 순수함을 단련시키는 시련이어서, 손양원 목사 같은 이를 배출하였다.

孙良元牧师1902年出生于庆南，在日本和庆南圣经学校学习神学，在圣经学校里，他学习了朱基徹牧师的殉道的信仰。像朱基哲牧师一样，孙良元在日本统治时期开展反对参拜神社的运动，1939年担任丽水爱养院第二任牧师。爱养院是一个收容麻风病人的地方，他爱那些病患者，甚至用嘴清洁他们的伤口，人们给他起了个别名叫“爱的原子弹”。1948年，他的两个儿子被共产党所杀，共产党撤退后，他却出乎意料地收养那个杀死自己儿子的人作养子，孙牧师真正实践了耶稣“爱仇敌如同自己”的教训 。

图122 赴任到爱养院的孙良元牧师一家(1939年)

图123 麻风病患友

손양원 목사는 1902년 경남에서 태어나 일본과 경남성경학교에서 신학을 공부했다. 경남성경학교에서는 주기철 목사로부터 순교신앙을 배웠는데, 주기철 목사처럼 일제시대에 신사참배반대운동을 펼쳤고, 1939년 여수 애양원의 2대 목사로 부임하였다. 애양원은 나환자(癩患者) 수용소인데, 그는 나환자들의 상처를 빨아 줄 정도로 사랑이 넘쳤기 때문에 '사랑의 원자탄' 이라는 별명을 얻었다. 특히 1948년에 공산당원에 의해 두 아들을 잃었는데, 나중에 공산당이 물러 간 다음 자기 아들을 죽인 공산당원을 위해 탄원을 해서 구하고, 자신의 양아들로 삼았다. 손목사는 "원수를 네 몸과 같이 사랑하라" 는 예수님의 말씀을 실천한 목사였다.

在战争中，韩国教会呼吁全世界的支援，与战争的受害者同甘苦，与民族的重建一起成长，特别是二十世纪六十年代以后，随着经济的迅猛成长，教会也急速成长。赵镛基牧师的纯福音教会就是个典型例子。战争以后，韩国政治经济上的不稳定，特别是因为南北韩分裂和城市化的缘故，社会陷于不稳定的状态，而教会将那些被社会所疏远的灵魂们抱在怀中。纯福音教会1967年有7,750名信徒，到了1980年发展到147,000多名。特别是在1973年左右有了飞跃的成长，这一时期是社会最不稳定的时期，政府镇压反对维新宪法的运动的时间即1974年在汝矣岛召开的复兴聚会竟有100万名基督徒参加。在史无前例的韩国经济快速成长时期，韩国教会也随之快速成长，这为韩国教会在社会上和在国际上发言和做贡献奠定了一定的基础。

图124 汝矣岛复兴聚会(1974年)

图125 呻吟的百姓

图126 踏十里 活贫教会

与此同时，韩国教会的成长也分明是一个有问题的成长，战争之后的经济成长时期，教会起到了医治民族伤痛的作用而成长，但是教会接受了祈福的信仰，定型为极端的反共教会，这意味着从根本上切断了用神的名对南韩社会开发独裁进行批评的余地。实际上，教会还有专注自我教会、以自我教会成长为主的个教会中心主义层面。政治上，从李承晚政权时期开始，教会就站在了为资产阶级辩护的立场，从经济上，教会搭乘资本主义的逻辑，仅局限于用积极的思考方式的传道者角色。

전쟁을 치르면서 전 세계의 지원을 호소하고 전쟁 피해자들의 아픔과 동고동락하면서 한국교회는 민족의 재건과 함께 성장하였다. 특히 1960년대 이후에는 고속 경제성장 시기에 교회 역시 급속한 성장을 이루었다. 조용기 목사의 순복음교회는 그 대표적인 경우에 속한다. 전쟁 이후 정치경제적 불안, 특히 분단과 도시화에 의한 사회적 불안 구조 속에서 교회가 소외된 영혼들을 품어 안은 결과일 것이다. 순복음교회는 1967년에 7,750명이던 신도가 1980년에 147,000여 명으로 성장하였다. 특히 1973년경부터 비약적인 성장을 하였는데, 이 시기는 사회적으로 가장 불안하던 때였다. 유신헌법 반대운동에 대한 탄압이 극에 달하던 1974년에 여의도에서 열린 부흥집회에는 100만 명의 그리스도인들이 운집하였다. 그러나 세계적으로 유례가 없는 경제성장 시기에 교회 역시 급성장하여 이후 한국교회가 사회적으로 또 국제적으로 발언하고 기여할 수 있는 토대를 마련하였다.

그러나 한국교회의 성장은 분명히 문제가 있는 성장이었다. 전쟁 이후 경제성장 시기에 교회는 민족의 아픔을 치유하는 역할을 감당하며 성장하였지만, 교회는 기복적인 신앙을 받아들였으며 극단적인 반공교회로 고착화되어 갔다. 이것은 남한사회의 개발독재에 대하여 하나님의 이름으로 비판할 수 있는 여지를 근본적으로 차단당한 것을 의미했으며, 실제로 교회는 오직 개 교회 위주의 성장 중심주의에 매몰되는 측면이 있었다. 정치적으로 이미 이승만 정권 시절부터 기득권자를 변호하는 입장에 서게 되었으며, 경제적으로는 자본주의 논리에 편승하여 적극적 사고방식의 전파자에 그쳤다.

对这个问题提出质疑的教会和神学就是民众教会和民众神学。在民众神学运动发生以前，曾掀起过1960年的4.19学生革命，那是韩国教会就开始有了觉醒，开始反省教会对社会的漠不关心，为劳动者、农民、女性等弱势群体的人权而争取权益，这后来发展成为民众神学。而对民众神学的活动最有冲击的一件重事，就是1970年的全泰壹焚身事件。全泰壹生于1948年，大邱人，从1965年开始在首尔清溪川和平市场干零散工。

图127 全泰壹

图128 都市产业宣教会同工们

图129 民众神学家安炳茂

他看到年幼的女性劳动者在恶劣的环境中过度劳动工作，被剥削和榨取只能拿上很少工钱，针对这种现象，从1969年开始组织劳动运动组织进行活动，但是却遭受极大的阻碍，备受挫折。1970年11月，全泰壹呼喊着“别让我的死成为徒然”焚身自杀了。这件事深深震撼了基督徒领袖们，他们认识到全泰壹的死是对信仰困惑的表现，从而对韩国教会有了深刻的反省，发展了用全泰壹的死说明耶稣的死的民众神学和民众教会运动。这种趋势虽然遭受批判，认为这是将福音转变成了意识形式(Ideology)，尽管如此，这对于抚慰韩国现代史的痛楚具有很大的意义。

여기에 대해 문제를 제기한 교회와 신학은 바로 민중교회와 민중신학(民衆神學)이다. 민중신학운동이 등장하기 전에 이미 1960년 4.19학생혁명이 일어나면서 한국교회는 각성하기 시작하였다. 사회적 무관심에 대해 반성하고 노동자, 도시빈민, 농민, 여성 등의 소수자 인권에 대해 발언하게 되었다. 이것이 민중신학으로 발전하였는데, 이들의 활동에 중요한 자극을 준 것은 1970년에 일어난 전태일씨의 분신사건이었다. 1948년 대구에서 태어난 전태일은 1965년부터 서울 청계천 평화시장에서 봉재 노동자로 일하였다.

그는 어린 여성 노동자들이 적은 임금으로 열악한 환경에서 과중한 노동으로 착취당하는 것을 보고 노동운동에 관심을 갖게 되었고, 1969년부터 노동운동 조직을 만들어 활동하였다. 그러나 커다란 벽에 부딪쳐 좌절하면서 1970년 11월 "내 죽음을 헛되이 하지 말라"는 구호를 외치면서 분신자살을 하였다. 이것은 전태일의 신앙적 고민에 대해 알고 있던 그리스도인 지도자들로 하여금 한국교회에 대해서 심각하게 반성하게 하였으며, 그의 죽음을 예수의 죽음에 빗대 설명하는 민중신학과 민중교회운동을 발전시켰다. 이러한 흐름은 복음을 이데올로기로 변질시켰다는 비판도 받았지만, 한국현대사의 아픔을 품어 안았다는 데서 큰 의의가 있다.

除此以外，韩国教会也一直思考本色化的问题，就是如何将西方基督教文化和神学在韩国民族的根儿上。韩国社会和文化是多元的，多种传统文化和宗教并存。因此，本色化讨论和本色化基督教文化也蓬勃发展起来，他们探讨的是如何在韩国本土文化和宗教的根儿上，嫁接上基督教的教导和实践的文化。

图130 金基昶的圣画

图131 本土样式的教堂建筑

现在，韩国教会不仅在国内有所成长，而且在国际上的形象也有所提高。1979年，韩国差派93名宣教士到海外宣教，到了2003年，海外宣教士的数目增长到10,700名，继美国居世界第二位。韩国至少向162国家差派了海外宣教士，他们大部分是具有高学历的长期宣教士，即便在IMF经济危机的时候，也没有挫败他们火热传教的心意。但是，如果韩国教会的健康出了问题的话，海外宣教也会历经艰难。实际上，韩国教会还显露出征服性宣教的弊端。另外，韩国不仅要到海外去宣教，还要关心国内寄居的外国人，因为有越来越多的外国人进入韩国，教会对他们所关心也当有所加强。韩国教会的重要使命，不仅是单纯地向他们宣教，而且还要为伸张外国人的人权问题而努力。

그밖에 한국교회는 서양적인 기독교의 문화와 신학을 한국민족의 뿌리 위에 토착화시켜야 한다는 고민이 있어 왔다. 한국사회와 문화는 다양한 전통문화와 종교가 공존해 온 다원적인 것이었다. 그리하여 한국의 토착문화와 종교의 뿌리가 기독교의 가르침 또는 실천과 어떻게 이어져 있는 지 고민하는 토착화 논의, 또 많은 토착 기독교 문화도 발전시켜 왔다.

이제 한국교회는 국내적으로 성장했을 뿐만 아니라, 국제적인 위상도 높아졌다. 1979년에 93명이던 한국 선교사는 2003년에 10,700명으로 늘어났다. 이것은 미국 다음으로 많은 것이다. 나라별로는 적어도 162개국 이상에 선교사를 파송하고 있다. 이들은 대부분 고학력 평생 선교사들이고, 외환위기도 꺾지 못했던 열정적 신앙의 소유자들이다. 그러나 한국교회의 건강성에 문제가 생긴다면 해외 선교 역시 어려움을 겪을 가능성이 있다. 실제로 한국교회는 종종 정복적인 선교의 폐해를 드러내기도 한다. 한편 한국에서 해외로 나가는 선교뿐만 아니라, 오늘날에는 한국에 입국하는 외국인의 숫자가 기하급수적으로 늘고 있기 때문에 이들에 대한 관심도 증가하고 있다. 이들에 대한 복음화 사역뿐만 아니라, 외국인 노동자의 인권 신장을 위한 한국교회의 사역 역시 중요해지고 있다.

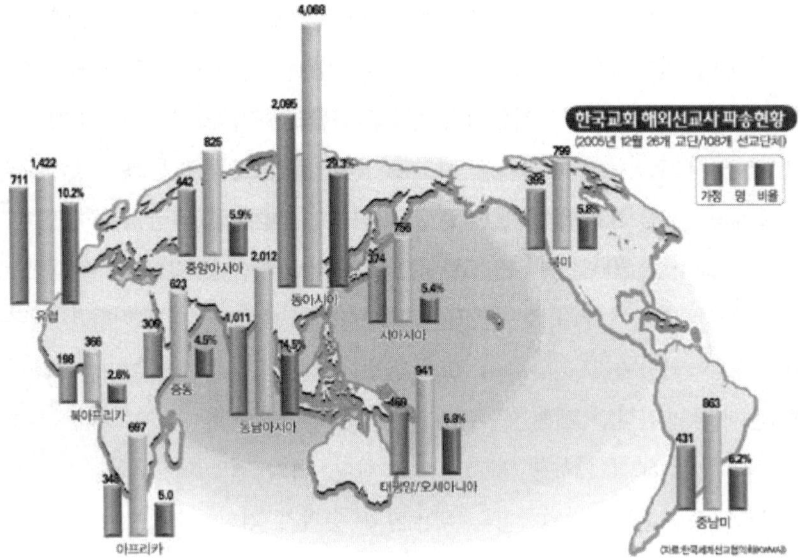

图132 韩国教会派遣到海外的宣教士现状（2005年）

现在，韩国的基督教在向更加成熟的福音主义发展的同时，也为民族的统一与和平、生态环境的保护、新自由主义两极化问题的解消、贫困的弱势群体的福祉和教会自身的健康等课题而思考。

图133 环境宣教

图134 外国人劳动者宣教

图135 残疾人福利宣教

한국의 기독교는 이제 보다 세련된 복음주의 교회의 발전과 함께 민족의 통일과 평화, 지속가능한 생태계의 보전, 신자유주의 시대의 양극화, 가난하고 소외된 자들의 복지, 교회 자체의 건강성 등의 선교적 과제를 놓고 고민하고 있다.

第三部　基督徒的信仰和生活

제Ⅲ부 그리스도인의 신앙과 생활

第八章　基督徒的经典

基督徒的经典是《圣经》，圣经是由新约和旧约组成的，其中旧约包含了神与犹太人立约的内容。“约”这个词，是源自犹太教传统的独特词语，作为“神的选民”的犹太人相信神用“彩虹”、“割礼”、“十诫”来更新他们与神立的约。基督徒克服了过去的这些旧约，相信神已经通过耶稣基督建立了新约，于是，将耶稣以后所写的文书编辑成为新约圣经。而犹太教信徒们至今依然执着于旧约圣经，并称之为《希伯来人的圣书》。

图136 纸莎草

图137 纸莎草圣经

제8장 그리스도인의 경전

그리스도인의 경전은 《성경》이다. 《성경》은 구약성경과 신약성경으로 이루어져 있는데, 《구약성경》은 유대인들이 하나님과 맺은 계약의 내용이 포함되어 있다. '계약' 이라는 말은 유대교의 전통에서 유래한 독특한 말인데, 그들은 '하나님의 선민' 인 유대인들이 '무지개' 나 '할례' , '십계명' 등의 방식으로 하나님과 계약을 갱신해 왔다고 믿었다. 그리스도인들은 그와 같은 과거의 계약(舊約)을 극복하고 예수 그리스도를 통해 새로운 계약이 이루어졌다고 믿고, 그 결과 예수 이후에 나타난 문서들을 묶어 신약성경으로 삼았다. 따라서 유대교 신자들은 오늘날에도 여전히 《히브리인의 성서》라는 이름으로 구약성경의 내용만을 고집하고 있다.

旧约圣经共有39卷，历经从B.C.8世纪起到B.C.2世纪的漫长岁月收集而成。首先是作为律法书的前五卷最早被收集成册，之后是先知书，最后是B.C.2世纪后叶收集的圣文集。这些书卷在A.D.70年耶路撒冷圣殿被毁之后的A.D.90年，面对民族危机而在召开的雅尼亚拉比会议(Synod of Jamnia)上确定的，基督徒也全部接纳了这些书卷为基督教的经典。

图138 脱鞋的摩西(Sistine圣堂)

图139 遥望迦南地的摩西

“律法书”指的是《创世纪》、《出埃及记》、《利未记》、《民数记》、《申命记》这五卷书。主要内容有神的创造、第一批人的故事、族长们的信仰和生活、逃离埃及的过程、领袖摩西和以色列国家雏形的形成等等。因为由颁布了律法的至高领袖摩西所写，所以这五卷书统称为“律法书”，传统上称之为“摩西五经”。

구약성경은 모두 39권으로 이루어져 있는데, B.C.8세기부터 B.C.2세기에 이르는 긴 기간 동안 수집되어 왔다. 먼저는 율법서라고 부르는 맨 앞의 다섯 권이 수집되고, 다음으로 예언서 그리고 마지막에 B.C.2세기 후반에 이르러 성문서가 수집되었다. 이것들이 A.D.70년 예루살렘 성전이 파괴된 이후, 민족의 위기에 직면하여 개최된 A.D.90년의 얌니야 랍비회의를 통해 확정되었고, 그리스도인들도 그대로 받아들였던 것이다.

'율법서' 《창세기》, 《출애굽기》, 《레위기》, 《민수기》, 《신명기》로 이루어진 다섯 권의 책을 말한다. 주요한 내용은 하나님의 창조활동과 처음 인간들의 얘기, 부족장들의 신앙과 삶, 애굽에서의 탈출과정, 지도자 모세와 함께 만들어진 나라의 윤곽 등이라고 할 수 있다. 그 클라이맥스가 모세의 지도로 나타나게 된 율법이기 때문에 다섯 권 전체를 합하여 '율법서'라고 하였고, 전통적으로 '모세 오경'이라고 불러 왔다.

摩西五经除了与摩西直接有关系的内容外，还有很多对信仰生活有益的古老故事。例如，创世纪1-11章的内容通过对神创造事工的纪实，教导了基督徒的世界观、自然观、人类观和神观，通过12章到50章对亚伯拉罕、雅各、约瑟的人生和信仰的记载，我们可以遇到与信心之人同行并赐福与人的神。出埃及记的主人公摩西不仅将以色列从奴隶的身份中解放出来，而且还是一个积极建造的人物；他不仅是以色列历史上的英雄，也是所有受苦国家青年们所景仰的民族领袖典范。

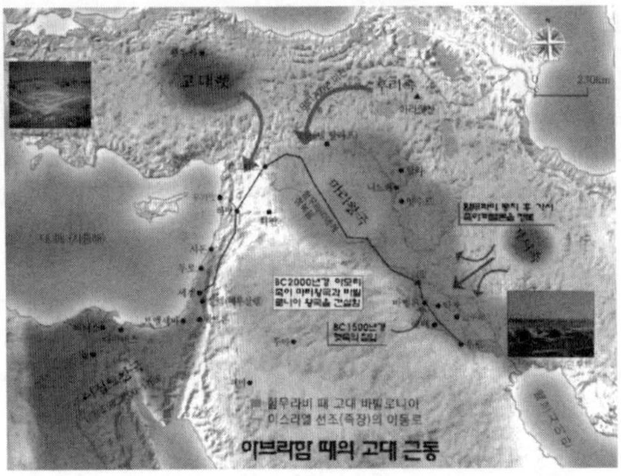

图140 亚伯拉罕的迁移路线

图141 雅各的梦(Ribera, 1639)

이 모세오경은 모세와 직접적으로 관계된 내용 외에도 신앙생활에 유익한 옛날 얘기들이 적지 않다. 예를 들어 창 1-11장까지에서는 하나님의 창조기사를 통해, 그리스도인의 세계관, 자연관, 인간관, 신관을 가르쳐 주고 있고, 12장부터 50장까지에서는 아브라함이나 야곱, 요셉의 인생과 신앙을 통해 믿는 자와 동행하시고 복 주시는 하나님을 만날 수 있다. 출애굽기의 주인공인 모세는 이스라엘을 노예신분으로부터 해방시킨, 더욱 더 극적인 인물이어서 이스라엘 역사 속에서 영웅이었을 뿐만 아니라, 어려움을 당했던 모든 나라의 청년들이 민족 지도자의 모델로 사모해 왔다.

“先知书”是由前期的6卷和后期15卷合在一起构成的，前期先知书有《约书亚记》、《士师记》、《撒母耳》上下、《列王纪》上下，后期先知书有《以赛亚书》、《耶利米书》、《以西结书》等大先知书和12卷小先知书组成。“先知”这个词，事实上不是像天气预报那样提前告知的意思，而是作为神话语的代言人之意。前期先知书是从立约与顺从的角度讲述了，自摩西死后以色列民族以约书亚为领袖进入应许之地迦南、建立国家的过程，和虽然经历试炼最终建立王国的大卫和所罗门统一王国时期，和王国分裂直至各个王国灭亡最终被掳掠的历史内容。后期先知书的先知书色彩更为浓厚一些，其中有三卷大先知书，是以色列灭亡前后，先知对有关神的警告和审判、安慰和劝勉的预言的记录。小先知书当中有宣布“主的日子”即将来临的《约珥书》，牧人阿摩斯宣告正义之神的《阿摩斯书》，违背神的命令结果落在大鱼肚里三天之久后来悔改到尼尼微城宣布神审判的《约拿书》，以北方以色列的灭亡为明鉴号召南方犹大悔改的《弥迦书》，在民族危机中呼喊唯有义人因信得生的《哈巴谷书》，还有号召百姓重建圣殿的《哈该书》和《撒迦利亚书》等等。

图142 少年大卫(Michelangelo)

图143 约拿与大鱼(土耳其 Ah, Tamara教堂)

'예언서' 는 전기 예언서 6권과 후기 예언서 15권을 합하여 21권으로 이루어져 있다. 전기예언서에는 《여호수아》, 《사사기》, 《사무엘》 상/하, 《열왕기》 상/하가 포함되어 있고, 후기예언서에는《이사야》《예레미야》, 《에스겔》 등의 대예언서와 12권의 소예언서가 들어 있다. '예언' 이라는 말은, 사실 일기예보를 미리 말해 주듯 예보(豫報)하는 내용이 아니라, 하나님이 맡기신 말씀(預言)을 대언하여 직언한다는 의미이다. 전기예언서에는 모세 사후에 여호수아를 지도자로 하는 이스라엘 민족이 약속의 땅인 가나안에 들어가서 시련을 거치며 나라를 세우고 다윗과 솔로몬 시대에 큰 통일왕국을 세웠지만, 다시 왕국이 분열하고 각각 멸망에 이르러 결국 포로로 잡혀가고 만다는 역사적인 내용이, 계약과 순종의 시각에서 서술되어 있다. 후기예언서는 예언서다운 느낌이 좀 더 강하다. 그 중에서도 세 권의 대예언서는 이스라엘이 분열하고 멸망해 가는 시기에 하나님의 경고와 심판, 위로와 권면을 선포한 예언자들의 기록이다. 소예언서 가운데는 임박한 '주의 날' 을 선포한 《요엘서》, 목자 아모스를 통해 정의의 하나님을 선포한《아모스》, 하나님의 명령을 거부했다가 물고기 뱃속에서 3일을 보낸 후 회개하고 니느웨성의 회개를 선포한 《요나》, 북방 이스라엘의 멸망을 거울삼아 남방 유대의 회개를 요청한 《미가》, 민족의 위기 속에서도 의인은 오직 믿음으로 살 것이라고 외친 《하박국》, 그리고 성전의 재건을 호소한《학개》, 《스가랴》 등이 있다.

“圣文集”是最晚被接纳为经典的13卷书，其中既有诗集，又有智慧书和宗教故事、历史和启示文学。《诗篇》里面一共收录了150篇的赞美、叹息祈文、感谢、忏悔的诗，这些都表现了以色列在漫长的历史岁月中对神的信仰，为了作礼拜使用的祷文而被收集整理；《箴言》是为了培养青年人的信仰分辨力而收集的警句和格言；《传道书》是与“虚空的虚空，凡是都是虚空”开始，以只有敬畏神才不虚空的结论结束；《路得记》讲述了大卫的曾祖母——一个摩押女子如何拥有一个超越国度的信仰；《约伯记》通过义人约伯的经历，让我们用一个超然的眼光来看人生的苦难。与《路得记》同为女性主人公的《以斯帖记》讲述了以斯帖用“我若死就死吧”的勇气大胆地觐见波斯王为犹太人的性命求救的故事。《但以理书》通过一个被掳巴比伦的少年但以理的生平来宣布神的世界历史的主人公。

图144 以斯帖(Benouville)

图145　约伯的苦难

‘성문서’ 는 가장 늦게 경전으로 받아들여진 13권의 책으로 이루어져 있다. 이 가운데는 시집도 있고, 또 지혜서, 종교적인 이야기, 역사, 계시문학적인 책도 있다. 《시편》은 모두 150편의 찬미와 탄원, 감사, 참회의 시들을 수록하고 있다. 이것들은 오랜 역사 시기에 표현된 이스라엘의 하나님 신앙을 드러내고 있고, 예배의 기도문으로 사용할 목적으로 수집된 것이다. 《잠언》 청년들에게 신앙적 분별력을 키워주기 위해 수집된 경구나 격언의 책이다. 《전도서》는 “헛되고 헛되다. 헛되고 헛되다. 모든 것이 헛되다.” 라는 말로 시작되는데, 오직 하나님을 경외하는 것만이 헛되지 않다는 것이 결론이다. 《룻기》는 다윗의 증조모가 모압여자임을 밝혀 국경을 넘어선 신앙의 이야기를 들려준다. 《욥기》는 의인 욥의 경험을 통해 인생의 고난을 초연한 시각으로 바라보게 해 준다. 《룻기》와 함께 또 하나의 여성 주인공을 가진 《에스더기》는 “죽으면 죽으리다” 는 용기를 가지고 페르시아의 왕 앞에 담대하게 나아가 유대인의 생명을 구한 에스더의 얘기이다. 《다니엘서》는 바빌론에 포로로 잡혀 간 소년 다니엘을 통해 하나님이 세계 역사의 주인공임을 선포하고 있다.

新约圣经一共有27卷，从一开始，大部分的内容是就是用希腊语写成的，而不是希伯来语。新约大概成形于从 A.D.1世纪后半叶开始到2世纪末期间，《帖撒罗尼迦前书》写成于A.D.50年代初期，《彼得后书》在2世纪中叶由佚名作者写成。确定基督教经典的时间是A.D.397年，新旧约合本共66卷。新约圣经共由“福音书”、“使徒行传”、“书信”和“启示录”四个部分组成。

“福音书”是新约圣经中最前边排列的，指的是《马太福音》、《马可福音》、《路加福音》、《约翰福音》四卷书。“福音”正如其字面含义就是“好消息”—神的儿子耶稣基督为了拯救世界而降临到这地上的好消息的意思。因此，福音书是初期教会宣告耶稣是基督的信仰告白书，是为了支持这信仰告白而收集的有关耶稣的教导和行迹的书。福音书虽然有耶稣的语录和比喻、神迹故事，以及耶稣最后受难和复活的报道，但是我们在读福音书的时候，较比按其字面理解，更重要的是要从中发现耶稣是救主。当然，探寻作为信仰对象的基督，同时探寻在实际历史中生活的耶稣的样子是怎样的，并且探究其耶稣与我们有什么样的关系，都是非常有意思和有益的课题。

신약성경은 모두 27권으로 이루어져 있는데, 처음부터 대부분 히브리어가 아니라 희랍어로 쓰여 졌다. 대개 A.D. 1세기 후반부터 2세기 말에 이르는 기간 동안 모양이 갖추어졌는데, 《데살로니가전서》 가 A.D.50년대 초반에 출현했고, 《베드로후서》 가 2세기 중엽에 익명의 저자에 의해 쓰인 것이다. 기독교의 경전으로 확정된 것은 A.D.397년에 이루어졌다. 이로써 신구약 합하여 66권의 기독교 경전이 완성된 것이다. 신약성경은 '복음서', '사도행전', '서신서', '계시록' 의 네 부분으로 이루어져 있다.

'복음서' 는 신약성경의 맨 앞에 나오는 《마태복음》, 《마가복음》, 《누가복음》, 《요한복음》 등의 4복음서를 말한다. '복음' 은 문자 그대로 '좋은 소식' 인데, 하나님의 아들 예수 그리스도가 세상에 내려 와 세상을 구원한 기쁜 소식을 의미한다. 그러므로 복음서는 예수를 그리스도로 고백한 초대교회의 신앙고백서이다. 이 신앙고백을 뒷받침하기 위해 수집된 예수의 가르침과 행적들이 곧 복음서의 내용인 것이다. 따라서 복음서에는 예수의 어록이나 비유, 기적 이야기, 마지막 수난과 부활 보도들이 있지만, 이것들을 문자 그대로 읽기보다는 그 속에서 예수가 구세주임을 발견하는 것이 중요하다. 물론 신앙의 대상으로 선포된 그리스도와 함께 실제 역사 속에서 살았던 예수의 모습이 어떠했느냐 그리고 그 예수가 우리와 어떤 식으로 관계가 있느냐를 추적하고 생각해 보는 것도 흥미롭고 유익한 일이다.

在四福音书中，最先写成的就是《马可福音》，在基础上又写成了《马太福音》和《路加福音》，这三卷书又被称作“共观福音”。《马可福音》共有16章，从1章到8章讲的是耶稣主要在加利利地区活动的神迹故事，后半部分主要是耶稣在耶路撒冷周边受苦的故事。《马太福音》是用犹太人熟悉的摩西五经的形式由五个部分组成的讲道集，众所周知的“登山宝训”(5-7章)和‘主祷文’(6:9-13)就在此书中记载。《路加福音》面对贫穷人、税吏、罪人、妇女和孩童等被社会冷落疏离的人，并对外邦人传扬耶稣的救恩。最后，《约翰福音》用“道”来表示耶稣的话语，用 “道成肉身”的希腊哲学方法来说明福音。

《使徒行传》事实上是《路加福音》的作者所写的续篇，记述了耶稣的福音如何在圣灵的帮助下，传遍犹太全地、撒马利亚和地极(徒1:8)的过程。前面部分介绍了耶稣的门徒在马可楼祷告的过程中经历了圣灵的降临，开始了初期教会的内容，之后接着讲述了彼得的讲道、司提反的殉道、门徒的宣教活动，后半部份主要的登场人物是保罗。保罗曾是一个大肆逼迫基督徒的犹太教重要人物，他在去往大马色追捕门徒的途中被神呼召，变成了基督徒，之后他三次旅行宣教，将福音传到小亚细亚、希腊和罗马地区，在各地建立教会，并为基督教打下了神学的基础。

4복음서 중에서 맨 먼저 쓰여진 책은 《마가복음》이고 그것을 기초로 《마태복음》과 《누가복음》이 나왔다고 해서, 이 세 권의 책은 다시 '공관복음서'라고 부른다. 《마가복음》은 16장으로 구성되어 있는데, 8장까지는 주로 갈릴리 지역에서의 기적 이야기들이고, 후반부에서는 주로 예루살렘 주변지역에서의 수난 이야기들이다. 《마태복음》은 유대인들에게 익숙한 모세오경처럼 다섯 부분으로 이루어진 설교집처럼 구성되어 있는데, 잘 알려진 '산상수훈'(5-7장)과 '주기도문'(6:9-13)이 실려 있다. 또 《누가복음》은 가난한 자와 세리, 죄인, 여성과 어린이 등의 소외된 자, 이방인들에게 예수의 구원을 전하려는 책처럼 보인다. 마지막으로《요한복음》은 예수의 말씀을 "도"로 표현하면서 "말씀이 육신이 되었다"는 식으로 복음에 대한 희랍철학적인 설명을 시도하였다.

《사도행전》은 사실 《누가복음》의 저자가 그 속편으로 작성한 것으로서, 예수의 복음이 성령의 도우심을 입어 온 유대와 사마리아와 땅 끝까지 전파(행 1:8)되는 과정을 기술하고 있다. 앞부분에서는 예수의 제자들이 예루살렘의 마가 다락방에서 기도를 하다가 성령의 강림을 체험하고 초대교회가 시작되는 내용을 소개한다. 그리고 베드로의 설교, 스데반의 순교, 제자들의 선교활동에 이어, 후반부에서 중심인물로 등장하는 사람은 바울이다. 바울은 그리스도인을 박해하는 유대교의 중심인물이었지만, 박해를 위해 다메섹으로 가는 도중에 기독교로 개종한 다음에 세 차례의 선노여행을 통해 소아시아와 그리스, 로마지역에까지 복음을 전하고 교회를 세웠으며 기독교 신학의 기초를 세운 인물이 되었다.

保罗和受保罗影响的人根据教会的实际需要写了一些书信，而这些书信被收集在新约圣经当中。大概由保罗在第二次宣教旅行期间所写的《帖撒罗尼迦前书》和《帖撒罗尼迦后书》是最早的书信，通过这封信，保罗鼓励帖撒罗尼迦教会的信徒们在试炼和逼迫当中也要用信心的果效、爱的坚忍、盼望的忍耐来获得胜利。接下来是《加拉太书》、《哥林多前书》、《哥林多后书》、《罗马书》，各自揭示了基督徒真正的自由（加　5:1)和能止息人类的腐败与矛盾的爱之伦理(林前13章)。　特别是《罗马书》，这是一本最为清晰地说明基督教因信称义的救恩(罗1:16-17)本质的神学书籍。《以弗所书》、《歌罗西书》、《腓立比书》、《腓利门书》是保罗被关押在监牢里所写的，所以被称为“监狱书信”，虽然这个见解尚且不是定论，但是从这里所讲的基督是头、教会是身体，所有基督徒各肢体都合而为一(弗 4:1-6)、在苦难中的喜乐与平安(腓 4:4-7)、对整个宇宙之主基督的信仰等内容，有助于我们理解这些书的主题。

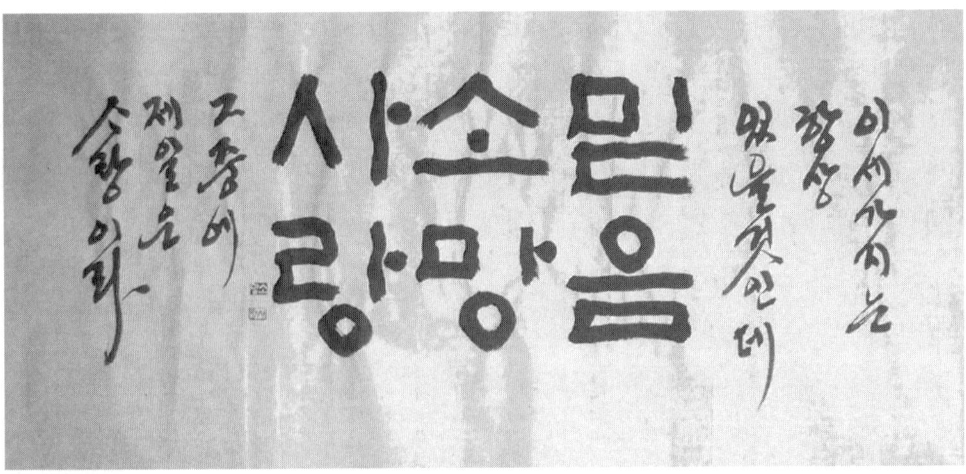

图146 哥林多前书13章13节

바울과 바울의 영향을 받은 이들 가운데 실제적인 교회의 필요에 따라 쓴 서신들이 있는데 이것이 신약성경에 수록되었다. 아마도 바울이 두 번째 선교여행 기간 중에 쓴 것으로 보이는 《데살로니가전서》와 《데살로니가후서》가 가장 초기의 것이다. 이 편지들을 통해 바울은 데살로니가 교회 교인들이 시련과 박해 속에서도 믿음의 역사, 사랑의 수고, 소망의 인내로 승리하고 있는 것을 칭찬하고 또 격려하고 있다. 이어서 《갈라디아서》, 《고린도전서》, 《고린도후서》, 《로마서》가 나왔는데, 이들은 각각 그리스도인의 참된 자유(갈 5:1), 인간의 부패와 갈등을 종식시킬 사랑의 윤리(고전 13장)를 제시하였고, 특히 《로마서》는 믿음으로 얻는 기독교적 구원(롬 1:16-17)의 본질을 가장 잘 설명한 신학 책으로 알려져 있다. 《에베소서》, 《골로새서》, 《빌립보서》, 《빌레몬서》는 바울이 감옥에 갇혔을 때 나왔다고 해서 옥중서신으로 알려져 있는데 그러한 견해가 최종적인 것은 아니지만, 그리스도를 머리로, 교회를 몸으로 삼은 모든 그리스도인 지체들의 하나됨(엡 4:1-6), 고난 속에서의 기쁨과 평화(빌 4:4-7), 온 우주의 주인공인 그리스도에 대한 믿음 등을 말하고 있어서, 책의 주제를 이해하는 데 도움이 된다.

除此之外，《提摩太前书》、《提摩太后书》、《提多书》因为讲论的教会的治理和牧会的问题，所以被称为“教牧书信”。并且《希伯来书》是在A.D.90年左右罗马政府对基督徒进行第二次逼迫的时候写成的，用“信是所望之事的实底，是未见之事的确据”的确信，鼓励在试炼当中的信徒。被看作与此书有同样目的的，用信仰安慰鼓励在患难当中的信徒的书是《彼得前书》，而《约翰启示录》也是虽然用了默示文化的表达方式，但是却宣告了神和他的儿女必定取得最后胜利的书。《雅各书》、《彼得后书》和三卷《约翰书信》、《犹大书》等都是在如此逼迫和假教师鱼目混珠的情况下，要求信徒用实际行为证明信仰(雅2:17，约壹4:7-11)、 抵挡虚假信仰的书信。《雅各书》，《彼得前书》、《彼得后书》、《犹大书》、《约翰》1，2，3书不是写给某个特定教会的，而是以全体教会为对象而写的普遍书信，从这个意义上来，被称为“普通书信”。

图147 在拔摩岛上的约翰(Tiziano，1547)

图148 象征基督受难的蒲公英

그밖에 《디모데전서》, 《디모데후서》, 《디도서》는 교회의 치리와 목회적인 문제를 다루고 있기 때문에 '목회서신'이라고 부른다. 그리고 《히브리서》는 A.D.90년경에 로마정부가 그리스도인들에 대해서 대대적으로 일으킨 제2차 박해 때에, 시련 속에서 오히려 "믿음이 바라는 것들의 실상이요 보지 못하는 것들의 증거"임을 확증하도록 격려한 책이다. 그와 같이 고난 속에서의 신앙적 위로와 격려를 주제로 삼은 책은 《베드로전서》가 있으며, 《요한계시록》 역시 묵시문학적 표현을 빌리기는 했지만 하나님과 그 자녀들의 최후 승리를 선언하고 있다. 《야고보서》, 《베드로후서》, 세 권의 《요한서신서》, 《유다서》 등은 그와 같은 박해와 거짓교사들이 난무하는 상황에서 행함으로 증명되는 신앙(약 2:17, 요1 4:7-11), 거짓에 맞서 싸우는 신앙을 말하고 있다. 《야고보서》, 《베드로전서》, 《베드로후서》, 《유다서》, 《요한》 1, 2, 3서는 특정 교회가 아니라 교회 전체를 대상으로 하여 보낸 편지라는 의미에서 '일반서신'이라고 불린다.

至此，我尽可能地简单地介绍了圣经，对于初次接触基督教的人来说，还是非常复杂和困难的。重要的一点是，圣经是基督教的信仰经典。所有的宗教都有经典，佛教有很多的佛经，伊斯兰教有《古兰经》，同样《圣经全书》是基督徒过一个信仰生活、常常用来阅读、默想和背诵的指南经典。犹太人常常背诵和默想旧约圣经，耶稣本人也为了传扬自己的教导而引用博大精深的旧约知识。因此，基督徒们认定耶稣就是那位成就旧约应许的救世主，在此基础上，教会受圣灵的引导，将保罗、彼得、约翰和其他作者们所著的书选定为新约的经典。

图149 小组查经

图150 礼拜中的读经

那么，是经典产生了教会呢？还是教会产生了经典呢？也许是，因为有了信仰共同体存在以后，教会的书籍才出现，所以教会和教会的传统也许更重要，因此，天主教会认为继承彼得传统的教会和教会的传统更为重要，东正教也是更为重视教会的传统。但是如上所述，新教建立了一个新的原则，认为经典比教会的传统更为重要。

지금까지 성경을 가능한 간단하게 소개하기 위해 설명을 하였는데, 처음 기독교 신앙을 접하는 이들에게는 여전히 어렵고 복잡할 것이다. 중요한 것은 성경이 기독교 신앙의 경전(經典)이라는 점이다. 모든 종교에는 경전이 있다. 불교에 여러 가지 불경이 있고, 이슬람교에 《꾸란》 경이 있는 것과 마찬가지로 《성경전서》는 그리스도인이 신앙생활을 하기 위해 늘 읽고 묵상하고 지침으로 삼아야 할 경전인 것이다. 유대인들은 구약의 내용을 늘 외우고 묵상하였다. 예수도 자신의 가르침을 전하기 위해 해박한 구약의 지식을 인용하였다. 그래서 그리스도인들은 예수가 구약에서 약속된 것을 성취하신 분이라고 이해하였던 것이다. 그와 같은 바탕 위에서 자연스럽게 성령의 인도하심 속에 바울과 베드로와 요한, 그리고 그 밖의 저자들이 남긴 책들이 다시 신약 경전 안에 채택되었다.

경전이 교회를 낳았는가, 아니면 교회가 경전을 있게 했는가? 어쩌면 신앙공동체가 있고 나서 교회의 책들이 나왔기 때문에 교회와 교회의 전통이 더 중요할지도 모르겠다. 그래서 천주교회는 베드로의 전통을 이은 교회와 그 교회의 전통을 더 중요하게 생각하였고, 동방정교회는 교회의 전통을 더욱 중시하였다. 그러나 우리가 앞서 확인한대로 개신교회는 교회의 전통보다도 경전을 더 우위에 두는 새로운 원칙을 세웠다.

所以，所有教会在礼拜的过程中都朗读圣经，以圣经为基础的讲道是礼拜的核心，每个教会都组织了圣经学习班，个人单独拿出时间有规律地读圣经，以圣经作为个人属灵活的指南针的原因也在于此。不仅个人如此，以单位、学校、社区为单位，组成小组的形式，在生活中应用实践圣经原理的训练也是非常有益的。

“圣经都是神所默示的，于教训、督责、使人归正、教导人学义，都是有益的。叫属神的人得以完全，预备行各样的善事。”（提后 3:16-17）

그래서 모든 교회는 예배 중 성경을 낭독하고, 성경을 기초로 해서 구성되는 설교는 예배의 핵심이 된다. 교회마다 성경학습반을 조직하고, 개인적으로도 시간을 내어 규칙적으로 성경을 봄으로써 영적인 삶의 나침반으로 삼는 이유가 여기에 있다. 개인적으로도 그렇지만, 직장이나 학교, 동네의 속회 또는 구역회 형태로 소그룹을 만들어 생활 속에서 함께 성경을 적용하는 훈련을 해나가는 것도 유익하다.

"모든 성경은 하나님의 감동으로 된 것으로 교훈과 책망과 바르게 함과 의로 교육하기에 유익하니 이는 하나님의 사람으로 온전케 하며 모든 선한 일을 행하기에 온전케 하려 함이니라" (딤후 3:16-17)

第九章 基督徒的信条

今天，基督教虽然分化成为很多的教派，但是最基本的信仰内容是大部分的基督徒都接纳的。例如，相信创造世界的神，相信神的儿子耶稣基督借着十字架的受死和复活成为审判者，相信通过圣灵的帮助得以圣洁的教会在这个地上就能体会到神的国并过一个罪得赦免和永生的生活。这些内容从初期教会开始，就以“信条”的形式被具体化，作为分开异端的界限，规定正统信仰的范围。在这些信条当中最具代表性的就是A.D.2-3世纪左右出现在8世纪左右最终得以确定的《使徒信经》。使徒信经的每一段都是从“我信”（拉丁语credo）开始的，初期教会为了教导初信者开始使用这样的信经。也许起初是以受洗问答的形式出现的，也就是简明地介绍基督徒所信的是什么。

我信上帝，全能的父创造天地的主。
我信我主耶稣基督，上帝的独生子；
因着圣灵感孕，从童贞女马利亚所生；
在本丢彼拉多手下受难，被钉在十字架上，受死，埋葬；
降在阴间；第三天从死里复活；
升天，坐在全能父上帝的右边；
将来必从那里降临，审判活人，死人。
我信圣灵；
我信圣而公之教会；我信圣徒相通；
我信罪得赦免；
我信身体复活；
我信永生。阿们！

제9장 그리스도인의 신조

오늘날 기독교는 여러 가지 교파로서 분화를 이루었지만, 대부분의 그리스도인들이 받아들이는 기본적인 신앙의 내용이 있다. 예를 들면 세상을 창조하신 하나님, 하나님의 아들 예수 그리스도가 십자가와 부활을 통해 심판자가 되심, 성령의 도우심 속에서 거룩한 교회를 통해 이 땅에서부터 하나님의 나라를 맛보며 죄의 용서와 영원히 살 것을 믿는다는 것 등이다. 이러한 내용은 초대교회로부터 '신조'의 형식으로 구체화되어 이단과의 경계로 삼았고, 정통신앙의 범위로 정해졌다. 그와 같은 신조 가운데 대표적인 것은 A.D.2-3세기경에 나타나 8세기경에 최종적인 형태로 정착된 아래의《사도신경》이라고 할 수 있다. 사도신경의 매 구절은 '나는 믿습니다.'(라틴어 credo)로 시작된다. 초대교회는 초신자들을 교육하기 위해 이 신경을 사용하였다. 아마도 세례 때의 문답형식으로 처음 생겨났을 것이다. 즉 그리스도인들이 무엇을 믿는 것인지에 대하여 간명하게 소개하고 있다.

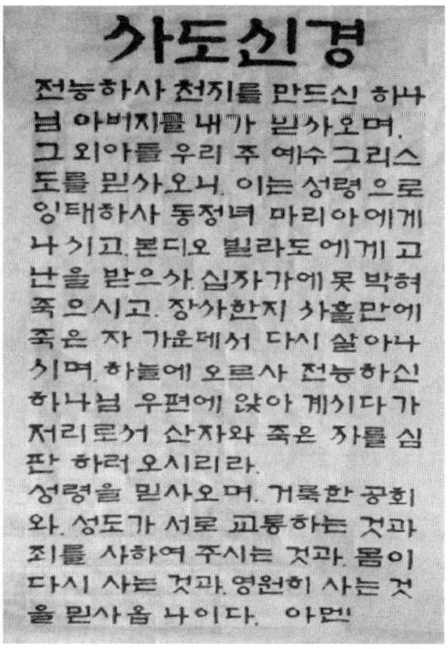
사도신경

전능하사 천지를 만드신 하나님 아버지를 내가 믿사오며.
그 외아들 우리 주 예수 그리스도를 믿사오니. 이는 성령으로 잉태하사 동정녀 마리아에게 나시고. 본디오 빌라도에게 고난을 받으사. 십자가에 못 박혀 죽으시고. 장사한지 사흘만에 죽은 자 가운데서 다시 살아나시며. 하늘에 오르사 전능하신 하나님 우편에 앉아 계시다가 저리로서 산자와 죽은 자를 심판 하러 오시리라.
성령을 믿사오며. 거룩한 공회와. 성도가 서로 교통하는 것과 죄를 사하여 주시는 것과. 몸이 다시 사는 것과. 영원히 사는 것을 믿사옵나이다. 아멘

图151 使徒信经

使徒信经一开始讲到了对神的存在的信仰，事实上，对此没有任何的论证。即便不是基督教，人类对于神存在的疑问也有很漫长的历史了，基督教传统中也曾努力用理性证明神存在的事实，并且反对者也试图用理性的方法来证明神的不存在的事实。 但是，虽然这样的论证能强化或减少人类的信仰，但是信仰本身却不是能被诱导和剔除掉的。

圣经的神并不是用人类的理性能认识的神，反而是一位自我完全存在的神，是主管人类的“主”（阿道乃）[1]，是主动彰显自己的神。对这位完全的他者，在自己的计划中光彰显自己的神，使徒信经只是告白说：“我信”。

那么神是如何彰显他自己的呢？神通过整个宇宙和人类的本性与历史，特别通过耶稣基督启示他自己，人类也依靠圣灵的帮助体验神的现存。基督徒可以说是通过自身变化的体验和见证，在教会的活动中，并且在宣教的现场中见证神存在的人们。

图152 天地创造(Michelangelo)

1）以色列人们不能直接称呼神的名，而称呼“阿道乃(主)”，“耶和华”原来也是在只有神名字辅音上加上“主”之意的“阿道乃”的元音重新读出来的名字。

사도신경이 맨 처음 말하는 것은 하나님의 존재에 대한 것인데, 사실 이것에 대해 어떤 논증을 제시하고 있지는 않다. 기독교가 아니더라도 인간은 오랫동안 하나님의 존재에 대해 질문을 해 왔고, 기독교 전통에서도 하나님의 존재 사실을 이성으로 증명하려고 하는 노력이 있었으며, 또 반대자들은 이성으로 하나님의 부존재 사실을 증명하고자 했다. 그러나 그러한 논증이 인간의 믿음을 강화하고 감소시킬 수는 있지만, 믿음 자체를 유발하거나 제거할 수는 없다.

성서의 하나님은 인간의 이성에 의해 파악될 수 있는 하나님이 아니라, 오히려 스스로 온전하게 계시는 분으로서 인간을 사로잡아 '주님' (아도나이)[1]이 되시고, 당신을 주도적으로 드러내는 하나님이시다. 전적 타자이면서 자기의 계획 속에서 자신을 드러내는 하나님을, 사도신경은 다만 "내가 믿는다." 고 고백한다.

하나님이 당신을 어떻게 드러내셨는가? 온 우주와 인간의 본성과 역사 그리고 특히 예수 그리스도를 통해서 하나님은 당신을 계시하였고, 인간은 또한 성령의 역사에 의해 하나님의 현존을 체험한다. 그리스도인은 변화의 체험과 간증을 통해서, 교회의 활동 속에서 그리고 선교현장에서 하나님의 존재를 증언하는 자들이라고 할 수 있는 것이다.

1) 이스라엘 사람들은 하나님의 이름을 직접 부르지 못하고 '아도나이(주님)'이라고 불렀다. '여호와'는 원래 자음만으로 된 하나님의 이름에 '주님'을 뜻하는 '아도나이'의 모음을 붙여 새롭게 읽은 것이다.

但是因为圣经里面没有明确地表明神三位一体的属性，所以有很多的学者指责使徒信经有问题。虽然圣经没有明显地谈及三位一体，使徒信经和圣经却明确地说神是三位一体的神。耶稣亲自嘱咐他的门徒说“奉父、子、圣灵的名给他们施洗”（太　28：19），使徒保罗也祷告说“愿主耶稣基督的恩惠、神的慈爱、圣灵的感动，常与你们众人同在”（林后　13:14）。因此，使徒信经中也明确地以圣父、圣子、圣灵神的次序进行叙述。

使徒信经中对三位一体的神告白中最长的是对耶稣的告白，这说明使徒信经刚刚出现的时候，对于耶稣到底是谁的问题非常重视。耶稣本人也曾问门徒们说：“你们说我是谁?”，这是至今依然对基督徒来说最为核心性的问题。使徒信经一开始称呼耶稣是神的独生的子，“儿子”这个词里面有秘密，这秘密就是耶稣具有与神同等的本质，告诉我们耶稣是神对人类无限爱的表现。神通过“不以自己与神同等为强夺的，反倒虚己，取了奴仆的形像，成为人的样式　......就自己卑微，存心顺服，以至于死，且死在十字架上”（腓　2:6-9)的儿子，实践了神的爱，即 “道成了肉身”（约 1:14)。

图153 彼得的眼泪(Toledo圣堂)

图154 神的儿子耶稣

그런데 삼위일체(三位一體)를 분명하게 드러내지 않는다고 해서 사도신경의 문제점을 지적한 학자들이 있어 왔다. 그러나 명시적으로 언급하는 것은 아니지만, 사도신경과 성경은 분명히 삼위일체의 하나님을 말하고 있다. 예수님은 제자들에게 "아버지와 아들과 성령의 이름으로 세례를 주라" (마 2:19)고 부탁했고, 사도 바울은 "주 예수 그리스도의 은혜와 하나님의 사랑과 성령의 교통하심이 너희 무리와 함께 있을지라." (고후 13:13)고 기도했다. 그래서 사도신경에서도 분명히 성부, 성자, 성령 하나님의 질서를 따라 서술되고 있는 것이다.

사도신경에서 삼위의 하나님 가운데 가장 길게 고백되고 있는 분은 예수님이다. 사도신경이 처음 등장하던 시기에 예수가 누구신가 하는 문제가 그만큼 중요했다는 말이다. 예수 본인이 "너희는 나를 누구라 하느냐?" 라고 질문했는데, 이것은 오늘날까지도 그리스도인에게 핵심적인 물음이다. 사도신경은 맨 먼저 예수가 하나님의 외아들이라고 말한다. 이 "아들" 이라는 말 속에 비밀이 있다. 이것은 예수가 하나님과 같은 본질을 지녔고, 인류에 대한 하나님의 사랑을 표현하는 존재임을 말해 준다. 하나님은 "자기를 비어 종의 형체를 가지고 사람들과 같이 되었고 ……. 자기를 낮추시고 죽기까지 복종하셨으니 곧 십자가에 죽으신" (빌 2:6-9) 아들을 통해 사랑을 실천하였다. 즉 "말씀이 육신이 되었다" (요 1:14).

“道成肉身”这句话，告诉我们从两个方向来思想耶稣。很早从初期教会开始，基督徒就对耶稣的神性和人性两性有着激烈的争讨。得到的结论是，耶稣是具有神属性的基督的同时，也是真正作为人的耶稣，使徒信经在这方面有着详细的告白。事实上，耶稣降世为人，又作为一个木匠在拿撒勒生活，他也有肚子饿的时候，有口渴的时候，有疲劳需要休息的时候，他曾在船舱睡着了，在客西马尼园，他曾祷告得流汗如血点儿,他最后从本丢彼拉多手下受难被钉十字架，受死并被埋葬。除此之外，当他看到年轻的财主就产生了怜悯的心，在拿撒路的坟墓前痛哭流涕，他向着耶路撒冷的人们流泪，特别是当他看到有病的人的时候心就会痛，他看到法利赛人就会发怒，耶稣是实实在在拥有人的肉体和感情的人。每当他软弱的时候就退出去向天父祷告，这一切都说明耶稣是完完全全体验了等待救恩的人的叹息的人。

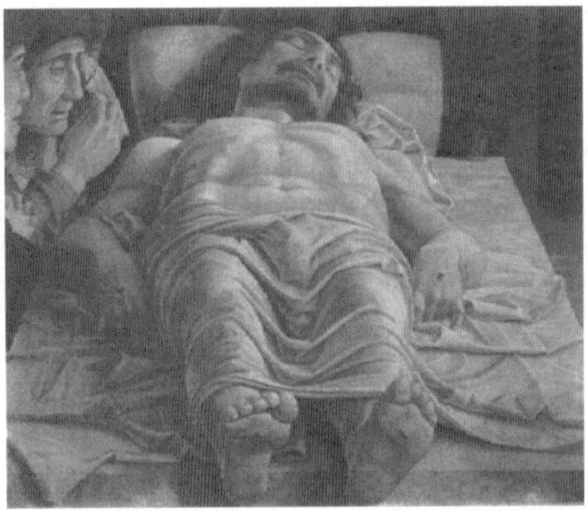

图155 受死的基督(Mantegna，1490)

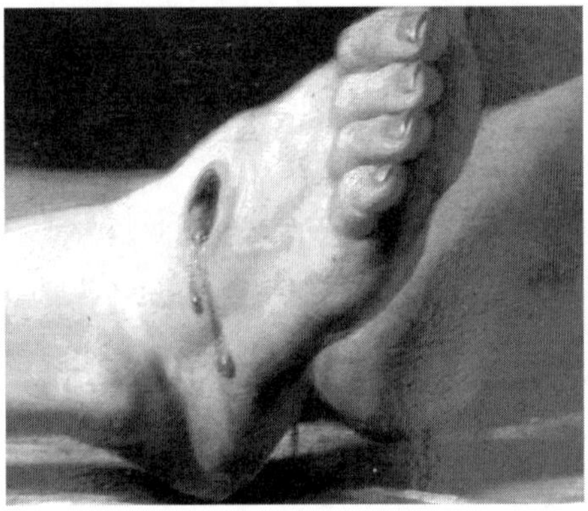

图156 被钉的痕迹(Champaigne，1654)

“말씀이 육신이 되었다” 는 말은 예수님에 대해 두 가지 방향에서 생각하게 해 준다. 이미 초대교회 때부터 그리스도인들은 예수님의 신성과 인성, 이 두 가지에 대해서 치열하게 고민을 하였다. 결론은 그 분이 신적 속성을 지닌 그리스도였으며 동시에 인간 예수였다는 것이다. 사도신경은 이 점을 자세하게 고백하고 있다. 실제로 예수는 인간으로 태어나 나사렛의 목수로 살았고, 배고팠으며 목이 말랐고, 피곤할 때 휴식을 취했고, 배 위에서 잠을 잤고, 겟세마네 동산에서 땀이 피가 되도록 기도하였고, 결국은 본디오 빌라도에게 고난을 받으사 십자가에 못 박혀 죽어 장사되어진 분이었다. 그밖에도 청년 부자를 보면서는 불쌍히 여기는 마음을 보였으며, 나사로의 무덤 앞에서 비통해 하였고, 예루살렘을 향해 눈물을 흘렸다. 특히 병든 자를 보면 동정하며 마음 아파했고, 바리새인을 보면 분노했다. 분명히 예수는 육체와 감정을 지닌 인간이었다. 그는 연약해질 때마다 물러나 하나님께 기도했다. 이 모든 것은 예수가 구원을 기다리는 인간의 한숨을 온전하게 체험하고 산 자였음을 말해 준다.

使徒信经的信条还讲到了通过复活信仰得以确证耶稣的神性。见到了复活的耶稣，门徒们完全改变了，宣告耶稣是神的儿子。并且复活信仰可以上溯到耶稣的受死和诞生，甚至进一步上溯到创造世界以前的时期，让门徒们告白说耶稣与神一样拥有同样的本质。因此，使徒信经不仅宣告说耶稣是马利亚的儿子，还宣告说他是因圣灵感孕而生的，这是非常自然的流露。耶稣不是被造者，而是从神而来的永远出生的一位。这并不是靠科学来证明的而是要靠信仰的神秘来理解的领域。

我们也可以这样理解耶稣的神性，例如，他如果真的不是神的儿子的话，那么就一定是一个年轻的农村出身的疯子。换个角度来想，如果他是一个极度自我为中心的人，他怎么能称呼神为“父”，称呼自己是“儿子”，他怎么能说他就是人们等候的为了实现神的国而来到这个世界上的人，唯有通过他才能进入神的国呢？怎么能说他是一切预言的实现者，还说圣经就是他的证据呢？ 他怎么赦免人的罪，又怎样在将来审判世界呢？他没有接受过正规的教育，也从来没有离开巴勒斯坦去别的地方旅游过，就算他是个三十岁的农村鲁莽青年，他说的话也太过于大胆，太令人惊诧了。最终我们不会说他的言行令人们混乱，反而是他非常尖锐地指责当时的世界问题，自己作了正义和爱的标尺。在其审判的位置上就有他的十字架，而且他的复活也是当然的结局。

图157 在水面上行走的彼得(Borrassa,1411-3)

图158 献以撒的亚伯拉罕(Sarto)

사도신경의 고백은 또한 일찍이 부활신앙을 통해 확증된 예수의 신성을 말하고 있다. 부활하신 예수를 만나면서 제자들은 예수가 하나님의 아들인 것을 고백하는 결정적인 전기를 갖게 되었다. 그리고 부활신앙은 예수의 세례와 탄생, 나아가서 천지창조 이전의 시기로까지 소급하여, 제자들로 하여금 예수께서 하나님과 동일 본질을 지니신 분임을 고백하게 하였다. 그러므로 사도신경이 예수를 마리아의 아들일 뿐만 아니라 성령으로 잉태된 하나님의 아들로 고백하는 것은 자연스러운 것이다. 예수는 피조된 분이 아니라 하나님으로부터 영원히 출생되는 분이다. 이것을 우리는 과학적으로 증명하려고 나설 것이 아니라, 신앙의 신비함으로 이해해야 마땅하다.

우리는 예수님의 신성에 대해 이렇게 생각해 볼 수도 있다. 이를테면 그가 정말 하나님의 아들이 아니라면 사실 젊은 시골뜨기 미치광이로밖에 생각할 수 없다는 것이다. 바꾸어서 생각해보면, 그는 굉장히 자기중심적인 사람이다. 그는 하나님을 "아버지" 요 자신을 "아들" 이라고 했다. 그는 세상이 기다리는 하나님의 나라를 위해 자신이 왔으며, 오직 자신을 통해서 그 나라에 들어 갈 수 있으며, 자신이 모든 예언을 실현할 자요, 성경이 그 증거라고 말하였다. 어떻게 사람의 죄를 용서하고, 장차 다시 와서 세상을 심판하겠다는 것인가? 정규교육을 받은 흔적이 없고, 별다르게 팔레스타인 바깥을 나가 본 적이 없는 듯이 보이는 30세의 시골 청년이 담담하게 하는 것 치고는 너무나도 놀라운 말들이 쏟아졌다. 결과적으로 이러한 언행은 사람들을 혼란스럽게 했다기보다는 당시 세상의 문제를 너무나도 날카롭게 지적하였고, 스스로 정의와 사랑의 잣대가 되었다. 그 심판의 자리에 바로 십자가가 있고, 부활은 당연한 귀결인 것이다.

耶稣的神性和人性等身份问题，都是为了彰显他救赎工作而效力的。救赎事工的核心当然是十字架和复活的事件，使徒信经在介绍耶稣的出生后，就马上介绍他的苦难和受死，如此说十字架事件就是他降生到这个世界上的使命本身。使徒信经之所以要阐明本丢彼拉多的名字，是为了告诉我们耶稣的苦难的确是历史性事件。耶稣让人们永远纪念在2,000年前确确实实发生在以色列历史中的十字架事件。保罗也说他单单爱十字架单以十字架为荣耀。今天，基督徒喜欢带十字架的项链，事实上十字架是件非常庄严的事情。耶稣用十字架上死亡，显露出世上所有人的罪恶，耶稣受死的同时也担当了这些罪恶，我们也与他同死了。他担负人类的罪，替人类受了刑罚.(彼前 2:24)。因此，十字架反而是神对有罪之人类的爱的表示(罗 5:7-8)。

예수의 신성과 인성 등 신분이 문제가 되는 것은 모두 그분의 구속사역의 효력을 드러내기 위함이다. 구속사역의 핵심은 물론 십자가와 부활사건이다. 사도신경은 예수의 출생을 소개한 직후에 바로 그의 고난과 죽음을 말한다. 그만큼 십자가 사건은 그가 이 땅에 태어난 사명 자체였다는 것이다. 본디오 빌라도의 이름까지 제시하는 것은 그의 고난이 아주 구체적인 역사적 사건이었음을 말해준다. 예수는 2,000년 전 이스라엘의 역사 속에서 일어났던, 이 십자가의 사건을 영원토록 기념하라고 했고, 바울은 오직 이 십자가를 자랑한다고 말했다. 오늘날 그리스도인들이 십자가를 목걸이로 삼아 달고 다니는 것은 사실 굉장히 중요하고 엄숙한 일이다. 그는 죽음으로 세상 사람의 죄악을 드러냈고, 죽음과 함께 그 죄악을 짊어지고 갔으며, 그와 함께 우리도 죽었음을 말한다. 인간의 죄를 지고 대신 징벌을 받은 것이다.(벧전 2:24) 그러므로 십자가는 오히려 죄인 된 인간을 향한 하나님의 사랑의 표현인 것이다.(롬 5:7-8)

图159 在以马忤斯的晚餐(Velazquez,1620)

图160 复活的象征

如上所述，复活事件才是决定性的启示，让门徒领悟到耶稣的神性。使徒信经虽然首先报告说耶稣被钉十字架受死的事件，但同时也说他第三天复活，说复活是确实是一件非常具体的历史性事件。但是，圣经对于复活是以怎样一种状态发生的报道是不一样的，不从取证，只是说神通过复活将有一个与从前不同的全新创造。并且还有更为重要的是，经历了耶稣复活的门徒们，作为神国的工人，大胆地出来报告这一事件。从这种意义上来说，复活事件绝对不是幻像和虚假的。门徒们告白说复活的耶稣坐在全能父上帝最尊荣的旁边，将来还要从那里降临施行审判。这种信仰保障了最后的胜利。复活成就了神的旨意，为神的国献身的生命最终得到确保永生道路的保证。

이미 앞에서 부활사건이야말로 제자들로 하여금 예수의 신성을 깨닫게 한 결정적 계기였음을 말하였다. 사도신경은 먼저 예수가 본디오 빌라도에게 고난을 받아 십자가에 못 박혀 죽었다고 보도했지만, 동시에 3일 만에 부활하였음을 말하면서, 부활이 아주 구체적인 역사적 사건으로 일어났음을 말하고 있다. 그러나 사실 부활이 어떤 형태로 일어났는지에 대해서는 성경의 보도가 엇갈리기 때문에 확정하기가 쉽지 않다. 다만 하나님께서 부활을 통해 이전과는 전혀 다른 새로운 창조를 일으킨다는 것을 말한다. 그리고 그것보다 더 중요한 것은, 예수의 부활을 경험한 제자들이 하나님 나라의 일꾼으로 담대하게 나서게 되었다는 보도이다. 그런 의미에서 부활사건은 환상이나 거짓으로 비롯된 것이 아님이 분명하다. 제자들은 부활하신 예수께서 전능하신 하나님의 가장 귀한 옆 자리에 있다가 심판의 주로 다시 오실 것을 고백하였다. 그 믿음이 최후의 승리를 보장하였다. 부활은 하나님의 뜻이 이루어지는 하나님의 나라를 위해 헌신하는 삶이 결국은 영생을 보장하는 길임을 보증해 주는 것이다.

使徒信经对圣灵的告白是非常单纯的，这是告诉我们虽然在圣经中明确记载了有关圣灵的告白，但是从教义上的整理是以后才进行的。在谈论神无所不在的时候，旧约诗篇说："我往哪里去，躲避你的灵？"(诗139:7)，欺哄圣灵就是欺哄神(徒 5:3-4，9)。使徒行传描写了五旬节那一天，门徒们在祷告的时候，耶稣曾经应许的圣灵降临如何在他们身上，"忽然，从天上有响声下来，好像一阵大风吹过，充满了他们所坐的胡子，又有舌头如火焰显现出来，分开落在各人头上"(徒 2:2-3)。如此，接受圣灵临在的门徒徒就像是喝醉了酒一样(徒 2:13)，得到极大的能力开始见证神和基督，因此，圣灵是在我们祷告的时候能让我们称呼神为"阿爸父!"的一位，是让我们能称呼耶稣为"主"的一位。因此，圣灵就是圣父和圣子所差来的一位(约14:16， 16:17)，事实上，也可以称呼圣灵为神的灵或基督的灵。因此，虽然耶稣说圣灵出自父(约15:26)，但西方教会却从5世纪左右开始加上圣灵也"出自圣子'(filioque)的教义。这也是东西方教会分裂(1054)的一个决定性原因。而对我们来说重要的是，基督教的传统是敬拜圣灵是与圣父、圣子为同一神这一事实。

图161 圣灵降临(Giotto)

图162 三位一体(El Greco，1577)

성령에 대한 사도신경의 고백은 단순하다. 이것은 성경에 성령에 대한 고백이 아주 명백하게 나오지만, 교리적으로 정리된 것은 훗날의 일인 것을 말해 준다. 하나님의 무소부재(無所不在)함을 말할 때에 구약의 시편은 "내가 주의 신을 떠나 어디로 가며 주의 앞에서 어디로 피하리이까"(시 139:7)라고 하였다. 성령을 속이면 곧 하나님을 속이는 것이다.(행 5:3-4, 9) 사도행전은 오순절 날 제자들이 기도할 때에, 예수께서 약속하셨던 성령이 그들 위에 내려 왔음을 묘사한다. "홀연히 하늘로부터 급하고 강한 바람 같은 소리가 있어 저희 앉은 온 집에 가득하며 불의 혀같이 갈라지는 것이 저희에게 보여 각 사람 위에 임하여 있더니"(행 2:2-3) 그렇게 성령의 임재를 경험한 제자들은 마치 술에 취한 듯 변화를 경험(행 2:13)하였으며, 큰 능력을 얻어 하나님과 그리스도를 증거하였다. 그러므로 성령은 우리가 기도할 때 하나님을 "아바 아버지!"로 부를 수 있게 하며, 우리로 하여금 예수를 '주'로 고백하게 하는 분인 것이다. 따라서 성령은 곧 성부, 성자가 보낸 분이요(요 14:16, 16:17), 실로 하나님의 영 또는 그리스도의 영이라고 할 수 있다. 그리하여 예수께서는 성령이 아버지에게서 나오는 것(요 15:26)이라고 하였지만, 서방교회에서는 5세기경부터 성령이 '아들에게서도 나오는 것'(filioque)이라고 덧붙였다. 이것은 동서방교회의 분열(1054년)에 결정적인 원인으로 작용한 것인데, 우리에게 중요한 것은 기독교 전통이 성령을 성부, 성자와 함께 동일한 하나님으로 모셔왔다는 사실이다.

虽然我们有时把圣灵看成为超自然的能力，但这是误解。圣灵是一位具有思想、意志和感情的人格体。圣灵是在耶稣升天后，代替他来到这个世界上的保惠师。因着圣灵的活动，耶稣现在可以在世界上的任何一处与他的儿女同在，在相信之人的心灵里面引起变化，并在这个世界上掀起变化。圣灵让我们认识到自己的罪，促使我们悔改，让我们告白耶稣基督为主，确证我们是神的儿女，在我们的内心深处使我们效法基督，变成一个充满爱和真理的形象。基督徒们在读圣经的时候，得到圣灵的帮助，能够走向真理。并且圣灵在属基督的人群中做工，按照各自的恩赐有兴起美好的交流，让教会合而为一，共同建造基督的身体，帮助我们向全世界传扬福音，与整个被造物一起分享神即新创造之灵的普遍之爱。

图163 聪明的五个童女(Blake，1822)

图164 最后的审判(Memling，1472)

때때로 성령을 무슨 초자연적인 능력으로 이해하는 경우가 있지만 그것은 오해이다. 성령은 생각과 의지와 감정을 지닌 인격체인 것이다. 성령은 예수께서 하늘로 가시면서 대신 보낸 보혜사로서, 성령의 활동으로 인하여 이제 예수가 세상 어디에나 그의 자녀들과 함께 있을 수 있게 되었으며, 믿는 자의 심령 안에서 그리고 세상 속에서 변화를 일으킬 수 있게 되었다. 성령은 우리로 하여금 죄를 깨닫고 회개에 이르게 하며, 예수 그리스도를 주로 고백하게 하고, 하나님의 자녀인 것을 확증하게 하며, 내면 깊숙한 곳에서 그리스도를 닮아 성결하고 사랑과 진리에 충만한 모습으로 변화되게 한다. 그리스도인들은 성경을 읽을 때 성령의 도우심을 받아 진리로 나아 갈 수 있다. 또한 성령은 그리스도의 무리들 가운데 역사하여 자신들의 은사에 따라 아름다운 교제가 일어나게 하고, 교회로 하여금 하나가 되어 그리스도의 몸으로 나아갈 수 있도록 하며, 전 세계에 복음을 전하고 새 창조의 영이신 하나님의 보편적 사랑을 모든 피조물과 함께 나눌 수 있도록 돕는다.

第十章　基督徒的节期

在一些农村还喜欢用阴历，但是今天大部分的人喜欢用阳历来钉自己的日程。基督徒呢，等待的不是1月1日，而是圣诞节，准备迎接新的一年。因此，从传统上来说，在基督教的节期中，等待耶稣诞生的待降节是新年的开始。待降节，或者称为降临节，待临节，是圣诞节前的共四周的期间。因此，大致是11月末的最后一个主日，就是待降节的第一个主日，这是基督徒新年的第一天。待降节开始了，基督徒就开始准备圣诞树，写圣诞卡分给周围的人，表示祝福和传达问候，并开始点上第一支蜡烛，一直点到第四支蜡烛为止。救世军的慈善锅也就是在这个时候出现在大街小巷了。

图165 待降节第二周

图166 救世军的慈善锅

제10장 그리스도인의 절기

농촌지역에서는 아직도 음력을 즐겨 사용하는 곳이 있지만, 오늘날 대부분의 일정은 양력을 따라 진행된다. 그러나 그리스도인들은 양력 1월 1일이 아니라 성탄절, 아니 성탄을 기다리면서 이미 새로운 한 해를 준비하게 된다. 그래서 전통적으로 기독교의 절기에서는 예수의 탄생을 기다리는 대강절(待降節)이 새해의 시작이다. 대강절은 강림절, 대림절이라고도 하는데, 성탄절이 오기 전에 네 번의 주일을 지킨다. 따라서 대체로 11월의 마지막 주일쯤에 강림절 첫 째 주일을 지내게 되고, 이것이 그리스도인의 새해 첫 날이 되는 것이다. 강림절이 시작되면 그리스도인들은 성탄 트리를 준비하고, 성탄카드를 써서 주위 분들에게 감사와 축복의 인사를 전하고, 첫 번째 촛불에 불을 붙이기 시작하여 네 번째 촛불까지 이어 간다. 구세군의 자선냄비가 길거리에 등장하는 것도 이 때쯤이다.

待降节是等待圣诞的节期，但是初期的基督徒们并没有固定的耶稣诞生纪念日，所以也就没有待降节的说法了。也许在6世纪左右，罗马将庆祝太阳神的节日改成耶稣诞生的庆日了，从那时候开始逐渐才有了庆祝圣诞节的节庆文化。圣诞老人和圣诞树等待降节的风俗，都是到了近代在美国等地产生的。比什么都重要的是待降节的含义，就是“等待”，大体上，教会等待三种降临。第一，是施洗约翰的降临，施洗约翰在福音书中作为神的使者，为耶稣的到来预备道路。第二个等待就是弥赛亚的降临，弥赛亚就是“救世主”的意思。旧约圣经的先知们预言了弥赛亚的降临，特别是基督徒们在准备圣诞节的时候，非常喜欢传讲有关以赛亚预言弥赛亚即将来临的信息。第三个等待是将要再来的耶稣，神的儿子耶稣在末日将作为审判的主重新降临。

图167 圣诞老人

图168 圣诞树

강림절은 성탄을 기다리는 절기이다. 그러나 초기 그리스도인들에게는 예수의 탄생일이 고정되어 있지 않았기 때문에 강림절 역시 없었다. 아마도 6세기경 로마에서 태양신의 축제일을 그리스도의 탄생 축제일로 바꾸어 지내면서부터 점차 성탄절의 축제문화가 발전해 왔다. 산타클로스나 크리스마스트리(X-mas tree)같은 강림절의 풍속은 모두 근세에 들어와서 미국 등지에서 생긴 것이다. 무엇보다도 강림절의 의미는 기다림에 있을 텐데, 대체로 교회는 세 가지 종류의 강림을 기다린다. 첫째는 사도 요한의 강림이다. 사도 요한은 복음서에서 하나님의 사자로서 예수께서 오시기 전에 그의 길을 예비한 사람이었다. 또 하나는 메시아의 강림이다. 메시아는 '구세주' 라는 뜻으로서 구약성경의 예언자들이 그 강림을 예언하였는데, 특히 그리스도인들은 성탄절을 준비하면서 이사야가 예언한 메시아의 강림에 관한 말씀을 즐겨 읽는다. 세 번째는 다시 오실 예수님이다. 하나님의 아들 예수는 마지막 때 심판의 주로 다시 오실 분인 것이다.

圣诞节对于基督徒来说，是最大的节日，圣经中虽然没有具体说耶稣降生的日期，但是，路加福音却介绍了在罗马帝国统计人口的时候，救主耶稣降生在伯特利。不仅如此，圣经说，在旷野的牧人和羊群，还有天使，东方博士、先知等人也都做了耶稣降生的守望者，甚至耶稣降临还是一件把希律王都牵涉进来的历史性事件。事实上，对耶稣诞生的日子到底是哪一天这个问题，历史上有很多的争论，至今，每个教会的意见都不尽相同，尽管如此，有一个重要的事实就是，耶稣诞生的那一夜 显现给很多的见证人，并且，为了今天仍在期待耶稣诞生的世人，救世主在那一夜诞生了。所以耶稣的诞生“在天上荣耀归于神，在地上平安归于他所喜悦的人!”，换言之，耶稣是降临到等待基督诞生的人。

圣诞节的庆典从12月24日夜晚的“平安夜”开始的，基督徒聚集到教会，开圣诞音乐会，或表演圣剧，献上礼拜后，每个人手中拿着蜡烛，相互问候。礼拜结束后，分成几个小组，组成圣诗班，去家家户户拜访，传扬耶稣诞生的好消息。这时候所唱的赞美诗就是《平安夜歌》、《普世欢腾歌》和《马槽歌》等。每个家庭的小孩子们在家里等待与天使一起坐着小鹿拉着的雪橇来到的圣诞老人呢，结果的睡眼惺忪中迎来了圣诗班 ，扮演圣诞老人的圣诗班队员将礼物分给小孩子，如果有睡着的孩子，就会把礼物放在他枕头旁边的长袜子里。“天使们”传达完问候之后，喝一杯那个家庭预备的茶，接着到另外一家去。挨家挨户访问过后，教友们第二天为了准备圣诞礼拜回家休息，一部分人重新回到教会聚集，一起唱《罗多尔普 鹿之鼻》，《We wish you a merry Christmas》，《银钟》，《White Christmas》，《铃儿响叮当当》等歌曲快乐地过圣诞节庆。

图169 圣诞节演剧

图170 圣诞节音乐会

성탄절은 그리스도인들에게 최대의 명절이다. 성경에 성탄절의 날짜에 대한 언급은 없지만, 누가복음에는 로마황제의 인구조사가 있었던 때 베들레헴에서 구주 예수가 태어났다고 전하고 있다. 뿐만 아니라 들판의 목자와 양떼, 천사, 동방박사, 예언자들이 지켜보았고 심지어는 헤롯왕까지도 관여된 역사적 사건임을 말한다. 실제 예수의 탄생일이 언제이냐 하는 문제와 관련해서 많은 논란들이 있어 왔고, 지금까지도 교회별로 차이를 보여주고 있지만, 중요한 것은 예수가 태어나던 그날 밤의 많은 증언자들에게, 그리고 오늘날도 예수의 탄생을 기다리는 세상 사람들에게 구세주가 태어났다는 사실이다. 그래서 "하늘에는 영광 땅에서는 기뻐하심을 입은 자들에게 평화!" 이다. 다시 말해 그리스도의 탄생을 기다리는 자들에게 예수는 오신다는 사실이다.

성탄절 축제는 12월 24일 밤의 '평화로운 밤' 에 시작된다. 그리스도인들은 교회에 모여 대개 성탄음악회나 성극 등과 곁들인 예배를 드린 후 손에 손에 촛불을 하나씩 들고 성탄의 인사를 나눈다. 예배가 끝나면 조별로 천사 성가대를 조직하고 가가호호 방문하여 예수 탄생의 기쁜 소식을 전한다. 이 때 부르는 찬송은 《고요한 밤 거룩한 밤》, 《기쁘다 구주 오셨네》, 《저 들 밖에 한밤중에》 등의 찬송들이다. 각 가정의 어린이들은 이 때 천사들과 함께 사슴이 끄는 썰매를 타고 오실 산타클로스를 기다리고 있다가 비몽사몽(非夢似夢)간에 눈을 부비면서 성가대를 맞이한다. 산타클로스 복장을 한 성가대원은 어린이들에게 선물을 나누어 주는데, 혹 잠이 든 어린이는 머리맡에 준비해 둔 양말 안에 넣어 준다. 천사들은 축복의 인사를 전하면서 가정에서 대접하는 차를 한 잔 마신 후 다시 다음 집으로 넘어간다. 가가호호(家家戶戶) 방문을 끝내면 교우들은 다음 날의 성탄축하예배를 준비하기 위해 귀가하여 휴식을 취하는데, 일부는 교회에 다시 모여 《루돌프 사슴코》, 《We wish you a merry Christmas》, 《실버 벨》, 《White Christmas》, 《징글 벨》 등의 캐롤송을 부르면서 축제를 즐긴다.

12月25日上午，所有的基督徒都来到教会参加圣诞节礼拜，圣诞节当日的礼拜以非常庄重的形式进行，圣诞节下午，很多教会将筹集的礼物和奉献款送给周边的养老院或孤儿院，寻找那些被人遗忘的邻舍，照顾他们。圣诞节是让人在辞旧迎新的气氛中重新回味信仰的真正含义，同时也是教会举行社会服务活动的一个节期。因为圣诞节的真正意义在于经历神的临在，所以更加重要。曾经向约瑟显现的天使给耶稣起名叫“以马内利”（太　1:23），就是“神与我们同在”的意思，神的帮助与等待他的所有人同在，正如那些旷野的牧羊人。因此，在中国有很多教会即使不在圣诞节的时候，也都在教会圣台的后面贴着“以马内利”的经句，祈愿一年当中都有基督的降临，为了让所有的人都知道传扬好消息的基督。

图171 圣诞节的服务活动

图172 以马内利(中国教会)

12월 25일 오전에는 모든 그리스도인들이 성탄예배에 참석한다. 성탄 당일의 예배는 대개 아주 장엄한 형태로 진행된다. 성탄절 오후에는 대개 교회에 모아진 선물이나 헌금을 가지고 주변의 양로원이나 고아원 등의 소외된 이웃을 찾아 돌보는 활동을 진행한다. 성탄절은 그렇게 연말연시의 분위기와 맞물려 신앙의 참된 의미를 되돌아보면서 동시에 교회의 사회봉사활동을 진행하는 절기가 되고 있다. 이것은 성탄의 참된 의미가 하나님의 임재를 경험하는 데 있기 때문에 더욱 중요하다. 요셉에게 나타났던 천사가 어린 예수의 이름을 '임마누엘' 이라고 고지(告知, 마 1:23)해 주었는데, 이것은 "하나님이 우리와 함께 계심" 이라는 뜻이요, 들판의 목동들처럼 하나님의 도우심을 기다리는 만백성에게 하나님이 함께 하심을 말하는 것이다. 그래서 중국에서는 많은 교회들이 성탄절기가 아니더라도 교회의 강대상 뒤에 '임마누엘' 이라는 성구를 붙여놓고 1년 내내 계속되는 그리스도의 강림을 기원한다. 모든 인민들에게 희망의 소식을 전하는 그리스도임을 알리기 위함일 것이다.

圣诞节的节期一直进行，直到1月6日的主显节。主显节是为了纪念基督将自己的形象显现给世界而定的节日。基督徒读的或是耶稣显现自己给那些东方博士的经文，或是耶稣受洗向约翰和群众们看的经文，或是耶稣登山变相向门徒显现的经文。主显节一直进行直到四旬节开始的 圣灰星期三为止。如果说待降节是准备圣诞节的节期的话，那么四旬节就是准备复活节的节期了。复活节可以说是一个比圣诞节历史更悠久的节期，可以说复活节对于基督徒来说也有如此重要。基督徒只有通过复活节经历耶稣所成就的十字架和复活的救恩事工以后，才能对圣诞的信仰有所告白。

四旬节是强调悔改并对复活的节庆做准备的节期，同时也是基督徒思想基督苦难而有所节制的节期。这个节期从圣灰星期三开始，不包含主日一直到复活主日的前一天共40天整。有关复活节的日期，东西方教会在2-3世纪以后一直争论不休，终于，尼西亚公会议(A.D.325)上决定春分后满月过后的第一个星期日为复活节。今天，除了东方教会以外，天主教和新教都采用这种方式，也是就是说复活节大概在3月22日到4月25日之间，因此，四旬节就是从2月到3月之间开始的。四旬节的第一天圣灰星期三，基督徒额上抹灰悔改，预备自己能同参基督的受难。四旬节期间，基督徒纪念耶稣40天期间在旷野禁食，受魔鬼的试探，默想有关经文操练自己的信仰生活。

图173 主显节插花

图174 四旬节的喜乐

성탄절은 1월 6일 주현절(主顯節)이 시작될 때까지 계속된다. 그리스도께서 자신의 모습을 세상에 드러내셨음을 기념하는 주현절에 그리스도인들은, 예수가 동방박사에게 자신의 모습을 드러낸 것 또는 세례를 받으면서 세례 요한과 대중들에게 드러낸 것 또는 변화산(變化山)상에서 제자들과 대중들에게 자신을 드러냈던 성경말씀을 읽는다. 주현절은 사순절이 시작되는 성회(聖灰)수요일까지 계속된다. 강림절이 성탄절을 준비하는 절기라면, 사순절은 부활절을 준비하는 절기이다. 부활절은 어쩌면 성탄절보다 더 오래 된 절기라고 할 수 있으며, 그만큼 그리스도인의 신앙생활에서 중요한 절기라고 할 수 있다. 그리스도인들은 부활절을 통해 예수께서 이루신 십자가와 부활의 구속사역을 경험한 이후 비로소 성탄의 신앙을 고백할 수 있기 때문이다.

사순절(四旬節)은 회개를 강조하며 부활의 축제를 준비하는 절기이다. 동시에 그리스도의 고난을 생각하며 절제하는 절기이다. 이 절기는 성회수요일에 시작하여 부활주일 전날까지 주일을 뺀 40일이다. 부활절 날짜와 관련해서 동서방교회는 2-3세기 이후 계속 논쟁을 해왔는데, 니케아 공의회(A.D.325)에서 춘분이 지난 만월 후의 첫 번째 일요일로 결정을 했고, 오늘날 동방정교회를 제외한 천주교와 개신교회는 이 방식을 따르고 있다. 이것은 대략 3월 22일에서 4월 25일 사이에 부활주일이 있음을 말한다. 그래서 사순절은 2월에서 3월 사이에 시작된다. 사순절의 첫날인 성회수요일에 그리스도인들은 이마에 재를 쓰고 참회하면서 그리스도의 수난에 동참할 준비를 하게 된다. 사순절에는 그리스도께서 40일 동안 광야에서 금식하며 사탄에게 시험받은 것을 기억하며, 그와 관련된 성경말씀을 묵상하고 훈련한다.

复活节的前一个星期，称为棕枝主日或受难主日。耶稣在这一天，在很多摇晃着棕榈枝呼喊着“和散那”的人群的欢迎下，进入耶路撒冷城。受难周的星期四是濯足星期四，这一天，耶稣在最后的晚餐上分葡萄酒和饼，亲自设定了圣餐的仪式，为门徒们洗脚，做了服侍的榜样。星期五是耶稣受难日，也称为圣周五，这一天，基督徒们禁食纪念哀悼从早上9点被钉十字架，挂在十字架上，下午3点停止呼吸的基督。

图175 最后的晚餐(Bassano，16世纪)

图176 骑驴进城的耶稣

星期六是犹太人的安息日，耶稣在安息日后第一天复活了，所以我们遵守星期日为复活主日。但是初期教会时期，小亚细亚地区遵守安息日为复活节。这是因为从神学的角度上将犹太人的逾越节和耶稣的复活事工联系到一起，小亚细亚地区的教会而自然而然接纳的缘故。逾越节源于以色列百姓在摩西的引导下脱离埃及为奴之地的事件，当时，以色列人将羔羊的血涂在门楣和门框上，灭命的天使看到这个记号就越过去(passover)，以色列人从而得救。初期教会相信耶稣就是逾越节牺牲的羔羊，因此接受逾越节为复活节的根源。纪念耶稣流血使人得到生命，就是初期教会复活主日纪念活动的核心。今天，这样的神学含义依然存留，但是以星期六作为复活主日的传统已经消失了。

부활주일 전 주일은 종려주일(棕櫚主日) 또는 고난주일이다. 예수는 이 날에 종려나무 가지를 흔들며 "호산나"를 외치는 많은 사람들의 환영을 받으면서 예루살렘성에 들어갔다. 고난주간의 목요일은 세족(洗足)목요일이다. 이 날 예수는 최후의 만찬을 하는 동안 떡과 포도주를 나누어 주며 직접 성찬의 예식을 제정했고, 제자들의 발을 씻겨주며 섬김의 모범을 보였다. 금요일은 예수가 수난을 당한 예수 수난일 또는 성(聖)금요일이다. 이 날 그리스도인들은 아침 9시에 십자가에 못 박혀 달려 오후 3시에 숨을 거둔 그리스도를 기억하면서 함께 금식(禁食)하면서 애도한다.

토요일은 유대인의 안식일이다. 예수는 안식 후 첫날 부활하였기 때문에 우리는 일요일에 부활주일을 지켜왔다. 그러나 초대교회시기에 소아시아 지역에서는 안식일에 부활절을 지켰다. 이것은 유대인의 유월절이 예수님의 부활사역과 신학적으로 연속성을 가지고 있기 때문에 자연스럽게 받아들여졌다. 유월절은 애굽에서 이스라엘 사람들이 노예생활을 하던 당시 모세의 지도를 따라 탈출한 사건에서 비롯되었다. 어린 양의 피를 문설주에 바른 유대인들의 집은 천사가 건너감(passover)으로써 구원을 얻었다는 데서 유래한 것이다. 당시 희생된 어린 양이 예수 그리스도에 의해 재연되었다는 것이 유월절을 부활절의 뿌리로 받아들인 초대교회 그리스도인들의 믿음이었다. 예수님의 피흘림을 통하여 생명으로 넘어 간 것을 기념하는 것이 부활주일 프로그램의 핵심으로 받아들여진 것이다. 이러한 신학적 의미는 오늘날 여전히 남아있지만, 토요일을 부활주일로 삼는 전통은 이제 사라졌다.

图177 一粒麦子落在地里死了

图178 象征复活的葫芦

复活主日从清晨祷告会开始，为了纪念清晨天色未明时就已经确知耶稣复活的门徒们，基督徒们通宵警醒，到了清晨的时候一起呼喊“耶稣复活了！”小孩子们清晨也早早地起床，四处寻找藏起来的“彩色鸡蛋”，并与他人分享，成人之间也相互制作和分享象征着生命的彩蛋，相互送圣诞卡一样，互送复活卡片，传递祝福的问候，参加复活节的集会或礼拜，复活节的集会中安排了一些事先排练好的圣剧或音乐会，礼拜的时候唱亨德尔的《弥赛亚》、《因耶稣复活》、《荣耀归主》等赞美诗，气氛热烈欢快。基督徒在过复活节的时候，心里要有一个决定，因着耶稣基督的苦难和复活，我们获得的救恩，在喜乐欢唱这救恩的同时，也要与复活的耶稣一起，过一个公义和赦免的生活，从而进入永远的生命。

부활주일은 새벽기도회로 시작된다. 새벽 미명(未明)에 부활을 확인한 제자들을 기념하여 그리스도인들은 부활주일 전날 밤을 뜬 눈으로 지내다가 새벽에 다함께 "예수 부활하셨네!" 라고 외친다. 어린이들은 새벽부터 일어나 주변에 숨겨진 "채색(彩色)계란" 을 찾아 나누고, 어른들도 생명을 상징하는 채색 계란을 만들어 나눈다. 성탄 카드처럼 부활절 카드를 보내 축하인사를 건네고, 준비된 성극이나 음악회 등을 곁들인 부활절 집회나 예배에 참석한다. 예배 때에는 헨델(Handel)의 《메시아》, 《예수 부활했으니》, 《주님께 영광》 등의 찬송으로 분위기가 고조된다. 그리스도인들이 부활절을 지내면서 다짐하는 것은, 예수 그리스도의 고난과 부활을 통해 얻게 된 구원의 기쁨을 노래하는 것인 동시에, 죽어서나 살아서나 예수와 더불어서 공의와 사랑과 용서의 삶에 동참함으로써 영원한 생명에 들어가자는 것이라고 할 수 있다.

复活主日后的40天就是升天主日，再过10天就是圣灵降临主日，也就是说复活主日后的50天就是圣灵降临主日，是纪念门徒们经历圣灵降临事件的节期，这也可以称为五旬节。五旬节出自犹太人的节期，是犹太人在逾越节以后的第50天纪念神向摩西颁布《十诫命》的事件。新约圣经中记载，在耶稣复活后的第50天，门徒们在耶路撒冷的马可楼祷告，正祷告的时候，经历了圣灵的降临，那位曾赐下十诫命的律法的神，又差遣保惠师圣灵来到世界上。

圣灵降临节的最大意义就是教会的诞生和大范围宣教的开始。根据使徒信经的记载，门徒们按照基督的吩咐，聚集在耶路撒冷等候天父所应许的到来，到了五旬节的那一天，圣灵如同火焰降下来，使人觉醒领悟，相互交流，产生了以耶稣基督为首的教会。与此同时，还兴起了到耶路撒冷、犹大全地和撒马利亚直到地极为主作见证的宣教事工。从小亚细亚各地来的人们，也一起宣信基督，很有可能是他们将福音传到小亚细亚。通过彼得的讲道，受到圣灵扎心的感动而受洗悔改的门徒那一天就增添了三千人。他们接受使徒们的教导，形成了一个彼此交接、擘饼、祈祷的初期教会。

부활주일 후 40일이 되면 승천(昇天)주일이요, 다시 10일이 지나면 성령강림주일이다. 즉 부활주일 후 50일이면 성령강림주일인데, 제자들이 성령강림을 경험한 사건을 기념하는 절기이다. 이것은 오순절이라고도 하는데, 오순절은 유대인의 절기에서 비롯되었다. 유대인들은 유월절 이후 50일째 되는 날에 하나님이 모세에게 《십계명(十誡命)》을 준 것을 기념하였다. 신약성경에서는 예수 부활 후 50일째 되는 날 제자들이 예루살렘의 다락방에서 기도를 하던 중 성령의 강림을 체험하였다. 십계명의 율법을 주신 하나님이 보혜사(保惠師) 성령을 보내주신 것이다.

성령강림절의 최대 의미는 교회의 탄생과 대대적인 선교의 시작에 있다. 사도행전에 보면 제자들이 그리스도의 분부를 따라 예루살렘에 모여 아버지의 약속하신 것을 기다렸다. 그리고 오순절 날이 이르매 성령이 불같이 임하면서 깨달음이 생기고 소통이 이루어졌으며 예수 그리스도를 머리로 하는 교회가 생겨났다. 동시에 예루살렘과 온 유대와 사마리아와 땅 끝까지 이르러 그리스도의 증인이 되는 선교의 역사가 일어나기 시작하였다. 소아시아 각지에서 온 자들이 함께 그리스도를 고백하면서 소아시아로의 복음 전파를 가능하게 하였으며, 베드로의 설교를 통해 심령에 찔림을 받고 세례를 받은 제자가 하루 삼천 명에 이르렀다. 이들이 사도들의 가르침을 받아 서로 교제하며 떡을 떼고 기도하는 초대교회를 이루었던 것이다.

图179 象征圣灵降临的鸽子

图180 圣灵降临节的红色插花

圣灵降临节的那一天，教会用象征圣灵的火和救主宝血及殉道者之血的红色来装饰。教会的入口或圣台按常理是用红色的玫瑰来装扮的。圣灵降临节所唱的赞美诗，或者是由托马斯塔利斯作曲的《真理的圣灵要与你同在》，或者是由 威廉盖特尔作曲的 《圣灵，求你降临到我》等歌曲。在圣灵降临节，根据“约翰用水施洗，但不多几日，你们要受圣灵的洗”（徒1：5）按照这段经文，常有洗礼仪式。在英国，有在这一天人们穿上白衣服受洗的习俗，所以习惯地称呼这一天为 ‘White Sunday’ 即“穿白衣的日子”。并且，在圣灵降临节这一天，还有教会特别举办清晨祷告会或心灵复兴会，或者召开为国内外宣教而举办的特别活动，以期复兴和更新信仰。在圣灵降临节常被信徒乐诵的圣经经文主要是使徒行传1章-2章中介绍圣灵降临、教会诞生的经文，或者是哥林多前书12章-13章里有关基督徒间爱的交流经文。

성령강림절이 되면 교회는 성령의 불과 구주의 보혈과 순교자(殉敎者)의 피를 상징하는 붉은 색으로 장식을 한다. 교회 입구나 성단(聖壇)은 빨간 장미로 꾸며지는 것이 보통이다. 성령강림절 찬양곡으로는, Thomas Tallis가 작곡한 《진리의 성령이 너와 함께 하리》라든가, William Gaither 작곡의 《성령이여, 내게 오소서》등의 노래가 적당한 곡들이다. 특히 성령강림절에는, "요한은 물로 세례를 주었으나 너희는 얼마 안가서 성령으로 세례를 받을 것이다" 란 말씀에 의거해서 세례식이 이루어지곤 한다. 영국에서는 이 날 사람들이 흰 옷을 입고 세례를 받는 풍습이 있어서 'White Sunday' 즉 '흰 옷 입는 날' 이라고 부르는 관습까지 생겼다. 또 성령강림절에는 특별새벽기도회나 심령부흥회, 국내외 선교를 위한 특별행사가 열려 신앙의 부흥과 갱신을 위한 활동에 참여하는 경우가 많다. 성령강림절에 읽혀지는 성경말씀은, 주로 사도행전 1장-2장에 소개된 성령강림사건, 교회탄생 사건이나 고린도전서 12장-13장에 소개된 그리스도인들의 사랑의 교제에 대한 것들이다.

圣灵降临节之后的第一个主日，也是三位一体主日。而圣灵降临节期直到持续到待降节为止。其间，各国教会也有根据各国需要设定的很多纪念日，其中特别值得一提的是感恩节。感恩节虽然也有犹太背景，但是今天世界教会所遵守的大部分源自美国的秋收感恩节。为了躲避英国政府的迫害，102名清教徒在威廉布鲁斯特（William Brewster）的领导下乘坐五月花号横渡大西洋，终于在1620年11月21日到达美国。他们在土著印第安人的帮助下经历千难万苦过了第一个冬天，第二年在第一个秋收的时候，他们向神献上感谢的礼拜，这就是秋收感恩节的来历。以后，美国第一位总统华盛顿1795年定秋收感恩节为全国的纪念日。1941年，美国国会定每年11月的第四周的星期四为秋收感恩节，于是秋收感恩节就成了国家级的庆祝节日，并且，这节日现在已经扩展成为很多国家基督徒的感恩节。

图181 想象美国的第一个感恩节

图182 感谢的祈祷(Eric Enstrom，1918)

성령강림절 다음 주일은 성령강림절 후 첫째 주일이며 동시에 삼위일체주일이고, 이후 강림절이 시작될 때까지 성령강림절기가 계속 이어진다. 이 가운데 각 국 교회가 필요대로 제정한 많은 기념일들이 있는데, 특히 감사절에 관해서는 언급할 필요가 있다. 감사절에는 유대적인 배경도 있지만, 오늘날 세계교회가 감사절로 지키는 것은 대개 미국의 추수감사절에서 비롯되었다. 영국 정부의 박해를 피해 102명의 청교도인들이 윌리엄 부루스터(William Brewster)의 지도 아래 'May Flower' 호를 타고 1620년 11월 21일 미국에 도착하였다. 이들이 현지 인디안들의 도움을 받아 갖은 고생을 하면서 첫 번째 겨울을 보내고, 다음 해 첫 번째 수확을 얻었을 때 감사의 예배를 드렸는데, 여기에서 추수감사절이 시작되었다. 이후 미국의 첫 번째 대통령 워싱톤이 1795년 추수감사절을 전국적인 기념일로 제정하였다. 1941년 미국 국회가 매년 11월 넷째 주 목요일을 추수감사주일로 확정하여 대대적인 국가적 축제로 자리 잡았는데, 이것이 오늘날 많은 그리스도인들의 감사절로 확대되었다.

第十一章　基督徒的圣礼

天主教有七种圣事，洗礼、坚振礼、圣体（圣餐）、告解、敷油、圣秩、婚姻圣礼。而新教只保留了洗礼和圣餐两种，因为只有这两种才是耶稣亲自设定的。耶稣亲自设立了洗礼的原理—基督徒藉着水和圣灵重生，并且基督徒还相信，耶稣差派圣灵来到地上完全了洗礼约翰的水洗。为了成就这件事情，耶稣亲自从约翰那里受洗，四福音也都记载了这一情景，耶稣说这样行是为了成就神诸般的义，约翰还预告说耶稣将要用圣灵为人施洗。

图183 约翰的洗礼(David, 1505)

图184 圣灵洗礼

제11장 그리스도인의 성례

천주교에서는 7종의 성사가 있다고 말한다. 세례, 견신례, 영성체(성찬), 고해성사, 종유성사, 서품, 혼인성사 등이다. 개신교회는 이 중에서 세례와 성찬만을 예수께서 직접 제정하신 것으로 이해하여 성례로 인정한다. 그리스도인은 물과 성령으로 거듭나는 세례의 원리를 예수께서 직접 제정하셨고, 마침내 성령을 보내심으로 세례 요한의 물세례를 완성하셨다고 믿는다. 이것을 이루기 위해 예수님은 직접 요한의 세례를 받으셨다. 네 복음서는 모두 이 광경을 기록하고 있는데, 예수는 이렇게 해서 하나님의 모든 의를 이루겠다고 하였고, 요한은 앞으로 예수가 성령의 세례를 베풀어 주실 것이라고 예고했다.

约翰福音三章讲到一个犹太人的官员尼哥底母半夜来寻找耶稣，在与耶稣的交谈中明白了洗礼的原理。耶稣说人若不重生，就不能见神的国，尼哥底母说人难道还要进入母腹再重新生一次吗？对此，耶稣说："人若不是从水和圣灵重生的话，就不能进神的国，从肉身生的就是肉身，从灵生的，就是灵"。

用耶稣基督的灵重生的洗礼仪式从初期教会开始就实行了。彼得说，你们要奉耶稣基督的名受洗，叫你们的罪得赦，就必须领受所赐的圣灵(徒　2:38)。听到这话之后受洗的门徒一天就有三千多人。腓力为撒马利亚行法术的西门和埃塞俄比亚的太监施洗，扫罗从亚那尼亚受洗后变成保罗。他们受的水洗，不是悔改的洗，而是奉耶稣的名受的圣灵的洗。

图185 夜里来见耶稣的尼哥底母

图186 为扫罗施洗给的亚那尼亚

洗礼具有很重要的地位，它塑造了基督徒的身份，接受了洗礼的人在宣称说："耶稣是基督。最初基督教的信条就这样诞生了，虽然这是如此单纯的告白，但是对当时的基督徒来说，并不是那么容易的。因为当时的信仰可以意味着死亡，初期教会的信徒们对此非常郑重。今天，虽然洗礼有些随便，缺乏初期教会信徒的严肃，但是洗礼依然是区分基督徒和非基督徒的决定性的外在标记。因此，无论是受洗的当事者，还是参与洗礼仪式的所有人，都应当用圣洁的心灵来接受洗礼。

요한복음 3장은 유대인의 관원인 니고데모가 밤중에 예수를 찾아 와 대화를 나누던 중 세례의 원리를 깨닫게 되는 내용을 담고 있다. 예수는 사람이 거듭나지 않으면 하나님 나라를 볼 수 없다고 했고, 니고데모는 모태에 다시 들어갔다가 나와야 하는 거듭남을 말하는 것이냐고 되물었다. 이에 예수께서는, 사람이 물과 성령으로 거듭나야 하나님 나라에 들어갈 수 있는 것이며, 육으로 난 것은 육이고 성령으로 난 것은 영임을 말하고 있다.

그리하여 예수 그리스도의 영으로 거듭나는 세례가 초대교회 때부터 시행되었다. 베드로는 예수 그리스도의 이름으로 세례를 받고 죄 사함을 얻으라 그리하면 성령을 선물로 받으리라(행 2:38)고 말하였고, 그 말을 듣는 사람들이 세례를 받아 제자의 수가 하루에 삼천 명이나 더하였다. 빌립은 사마리아의 마술쟁이 시몬과 에디오피아 내시에게 세례를 베풀었고, 사울이 아나니아에게 세례를 받고 변화되어 바울이 되었다. 이들은 모두 물로 세례를 받은 회개의 세례가 아니라 예수의 이름으로 성령세례를 받은 사람들이다.

세례는 또한 초대교회 그리스도인들의 정체성이 만들어지는 자리가 되었다. 세례를 받는 자들이 "예수가 그리스도임"을 고백하면서 최초의 기독교 신조가 탄생하였던 것이다. 이렇게 단순한 고백일지라도 당시의 그리스도인들에게는 쉽지 않은 것이었다. 오늘날 세례가 남발되면서, 신앙이 곧 죽음을 의미할 수도 있었던 초대교회 신자들의 엄숙함은 많이 사라졌지만, 여전히 세례는 그리스도인과 비그리스도인을 구분하는 결정적인 외적 표지이다. 그러므로 세례를 받는 당사자나 세례예식에 참여하는 모든 이들은 성결한 마음으로 세례를 받아들여야 한다.

因此与外在的洗礼仪式一起，应该更重视属灵重生的涵义，对于基督徒来说，洗礼的意义莫过于耶稣基督赦免了人的罪，人靠着这样的恩典得以重生。为了显示这洗礼的涵义，所以，受洗的人进入水中再出来，这样的举动用希腊语说就是‘巴普斯母’（βά,πτισμα， Baptism)。洗礼就是一个经过‘巴普斯母’，与耶稣同死，并依靠耶稣复活的能力，重新出生为新生命的圣洁仪式。

图187 象征洗礼的牛膝草

图188 加入信仰共同体的洗礼

洗礼还有另外一个重要的意义，就是正式加入基督徒共同体的入教仪式。通过洗礼，参加称为教会的救恩共同体，参与神国的秩序。马太福音中耶稣说“天上地下所有的权柄都赐给我了，所以，你们要去使万民作我的门徒，奉父、子、圣灵的名给他们施洗，凡我所吩咐你们的，都教训他们遵守，我就常你你们同在，直到世界的末了”（太 28:18-20)。接受洗礼的人们成为遵守基督的教导而行的基督的门徒，成为与基督同行的终末论式救恩共同体的一员。

따라서 외적인 세례 형식과 더불어 영적인 거듭남의 의미가 더욱 중요하게 다루어져야 한다. 그리스도인에게 있어서 세례의 의미는 무엇보다도 예수 그리스도의 죄 용서하는 은혜를 따라 거듭난다는 데 있다. 이것을 드러내기 위해 물 속에 들어갔다 나오는데, 그러한 행위를 그리스 말로 ‘βά,πτισμα(밥티스마)’ 라고 한다. 세례는 ‘밥티스마’ 를 거쳐 예수와 함께 죽음으로 죄에 대해 죽고 그리스도의 부활능력에 의지하며 새로운 생명으로 다시 태어나는 거룩한 의식인 것이다.

세례의 또 한 가지 중요한 의미는 정식으로 그리스도인 공동체에 입교(入敎)하는 의식이라는 점이다. 세례를 통해 교회라고 하는 구원의 공동체에 참여하여 하나님 나라의 질서에 참여하게 되는 것이다. 마태복음은 “하늘과 땅의 모든 권세를 내게 주셨으니 그러므로 너희는 가서 모든 족속으로 제자를 삼아 아버지와 아들과 성령의 이름으로 세례를 주고 내가 너희에게 분부한 모든 것을 가르쳐 지키게 하라 볼찌어다 내가 세상 끝 날까지 너희와 항상 함께 있으리라.” (마 28:18-20)고 말하고 있다. 세례를 받은 이들은 그리스도의 가르침을 지켜 행하는 그리스도의 제자가 되어 그리스도와 동행하는 종말론적 구원공동체의 일원이 되는 것이다.

在参加洗礼仪式之前，有必要接受这方面的教育。一般来说，教会针对参加教会生活一年以上的教友，进行关于信仰基础、圣经、教会生活和社会生活方面的教育，之后通过要理问答，确定受洗的预备人员。洗礼多在圣诞节、复活节、圣灵降临节或其他的特别节期礼拜中进行。

洗礼的仪式有两种，一种是点水礼，一种是浸水礼。很多教会采用点水礼的形式，但是浸信会的教会采取的是浸水礼的形式。点水礼就是牧师把圣水浇在受洗者的头上，流到额头，牧师按手在受洗者的头上说："我奉圣父、圣子和圣灵的名为你施洗"，受洗者跪下低头接受洗礼的形式。浸水礼是受洗者按照主礼者的引导，身穿洗礼袍一次、两次、三次浸在水里的形式。

图189 点水洗礼

图190 婴儿洗礼

有关洗礼的趣事就是婴儿洗礼，虽然奥古斯丁强烈支持婴儿受洗，但是在宗教改革时期，产生了一些反对婴儿受洗的意见。再洗礼派认为唯有有信心参与在内的圣灵的洗礼才是真正的洗礼，他们只认定成人所受的洗礼。新教的入教仪式源自天主教坚振礼，是为了让缺乏主体信仰告白的曾接受婴儿洗礼的人能够过一个负责的信仰生活。今天很多教会从原罪教义的角度，为婴儿施洗，并且通过多种多样的教育活动，培养这幼童成为一个有责任的基督徒。

그러나 세례 예식에 참여하기 위해서 받는 교육이 먼저 필요하다. 일반적으로 1년 이상 교회생활에 참여한 교우를 상대로 신앙 기초와 성경, 교회생활, 사회생활 등을 교육한 다음 문답을 거쳐 세례예정자를 확정한다. 세례는 많은 경우에 성탄절이나 부활절, 또는 성령강림절 등의 특별 절기예배 시간 중에 실시한다.

세례 예식에는 약식세례와 침례가 있다. 많은 교회들은 약식세례를 채택하는데, 침례교회는 침례를 실시한다. 약식세례는 목사가 성수를 수세자의 머리에 부어 이마로 흘러내리게 하면서 손을 머리에 대고 "내가 성부와 성자와 성령의 이름으로 세례를 주노라" 등의 문구를 암송하면 된다. 수세자(受洗者)는 무릎을 꿇고 고개를 숙여 세례를 받는다. 침례는 주례자의 안내에 따라 세례복으로 갈아입은 수세자가 한 번 또는 세 번 물속에 잠기는 의식을 진행함으로 이루어진다.

세례와 관련해서 흥미로운 것은 유아세례이다. 어거스틴은 유아세례를 강하게 지지하였지만, 종교개혁시기에 유아세례에 대한 일부 반대의견들이 생겨났다. 재세례파는 믿음을 가지고 참여하는 성령세례만이 진정한 세례라고 주장하면서, 성인세례만을 인정하였던 것이다. 천주교의 견신례에 기원을 두고 발전해 온 개신교의 입교식은 주체적인 신앙고백이 결여된 유아 수세자들에게 책임 있는 신앙생활을 가르치기 위해 생겨난 것이다. 오늘날 더 많은 교회들은 원죄의 교리에 입각하여 유아세례를 실시하고 있고, 다양한 교육 프로그램을 통한 신앙적 훈련으로 책임 있는 그리스도인을 배양하고자 노력하고 있다.

从新约圣经来看，耶稣在受难周的周四的最后晚餐餐桌上亲自设定了圣餐，耶稣在与使徒们一起吃逾越节的晚餐的时候，拿起了饼和葡萄酒祝谢了，分给门徒们宣布说，这是他的身体，是为赦免众人的罪而流的血(太 26:26-29)。在路加福音中耶稣要求门徒们也如此行为的要纪念他。因此，基督徒们直接参加耶稣所设定的圣餐仪式，吃属灵的粮食—他的身体来分享他的生命，喝他的血来获得罪得赦免，借此让属灵的生命成长起来。

如果说洗礼是基督徒生活的开端的话，那么圣餐就是保守基督徒生活，使基督徒生命成长的恩典手段。耶稣设定了圣餐以后，圣餐就成了基督徒礼拜的核心。初期教会时期，习惯每个星期都擘饼(徒 20:7)，如果没有主的晚餐，主日就不完全。 今天，有些教会为了恢复这样的传统，开始每个主日或每个月举行一次圣餐。也就是说圣餐仪式在基督徒的礼拜中是重要的组成部分。

图191 圣餐的设立(Gent，1474)

图192　圣餐

신약성경을 보면 예수는 고난주간 목요일에 최후의 만찬석상에서 직접 성찬을 제정하였다. 사도들과 유월절 만찬을 들다가, 빵과 포도주를 들어 축사하시고 제자들에게 나누어 주면서, 그것이 곧 당신의 몸이요 많은 사람의 죄사함을 위하여 흘리는 피라고 선언하였다.(마 26:26-29) 누가복음을 보면 예수는 제자들에게 이것을 행하여 당신을 기념하라고 요구하고 있다. 그리하여 그리스도인들은 예수께서 직접 제정한 이 성찬식에 참석하여 영적 양식인 그의 몸을 먹음으로 그의 생명을 나누어 갖고 그의 피를 마심으로 죄사함을 얻어, 영적 삶을 성장시켜가는 것이라고 생각하였다.

세례가 그리스도인의 삶을 시작하게 하는 것이라면, 성찬은 그리스도인의 삶을 지켜내고 성장시키는 은총의 수단이라고 할 수 있다. 예수께서 성찬을 제정하신 후, 이것은 그리스도인 예배의 핵심이 되었다. 초대교회 때에는 습관적으로 매주 떡을 뗐고,(행 20:7) 주의 만찬이 없이는 주일 자체가 불완전한 것이었다. 오늘날 어떤 교회는 그와 같은 전통을 회복하기 위해 매 주일마다 또는 매월 1회씩 성찬을 실시하는 교회가 생겨났다. 그만큼 성찬예식은 그리스도인의 예배 가운데 중요한 구성부분인 것이다.

最为重要的是，基督徒们通过圣餐纪念耶稣基督，有关圣餐最早的记录是在保罗的书信里。里面记载说耶稣“拿起饼来，祝谢了，就擘开，说‘这是我的身体，为你们舍的。你们也应当如此行，为的是纪念我’”(林前 11:23-24)。接着照样拿起杯来，说“这杯是用我的血所立的新约，你们每逢喝的时候，要如此行，为的是纪念我”(林前11:25)。耶稣把饼和葡萄酒解释为他的身体和血，让人们纪念，不是别的，这就是让我们纪念他的十字架的死。因此，圣餐就是信徒观看牧师掰开饼、举起杯，信徒之间彼此重温耶稣所说的话，一起纪念耶稣的教导和十字架受死的仪式。

耶稣拿起饼和杯，并非自言自语，而是把饼和杯一边分给门徒们，一边说“你们吃，你们喝”，意思是门徒们不是退到观众位置上的人，而是圣餐的参与者。换言之，圣餐不停留于对两千年前的过去之事追忆的意义上，而是信徒现在也可以和基督联合，也可以分享基督的恩典。不仅是当时的门徒，就连今天参加圣餐的圣徒们也能藉着耶稣的身体和耶稣的宝血，也就是耶稣的死而得到恩典。

图193 天主教的圣体圣事

图194 使教会合而为一的圣餐

무엇보다도 그리스도인들은 성찬을 통해 예수 그리스도를 기념한다. 성찬에 관한 최초의 기록은 바울이 서신서에 남겨놓은 것이다. 예수께서 "떡을 가지사 축사하시고 떼어 가라사대 이것은 너희를 위하는 내 몸이니 이것을 행하여 나를 기념하라" (고전 11:23-24)고 했다. 이어서 또 같은 모습으로 "잔을 가지시고 가라사대 이 잔은 내 피로 세운 새 언약이니 이것을 행하여 마실 때마다 나를 기념하라" (고전 11:25) 고 했다. 예수가 떡과 포도주를 당신의 몸과 피로 해석하면서 기념하라고 한 것은 다름 아닌 그의 십자가 죽음을 기념하라는 것임에 분명할 것이다. 그리하여 목사가 떡을 떼고 포도주를 들어 나누어주는 모습을 성도들이 바라보고 또 서로 간에 예수의 말씀을 재연하고 들으면서 함께 예수의 가르침과 십자가 죽음을 기념하는 의식이 곧 성찬인 것이다.

예수는 떡과 포도주를 들고 혼자 말한 것이 아니라, 그것들을 제자들에게 나누어 주면서 "먹고 마시라" 고 하였다. 이것은 제자들이 관중의 자리에 머물러 있지 아니하고 성찬의 참여자임을 말한다. 다시 말해 그리스도인의 성찬은 2,000년 전에 있었던 과거의 일을 추억하고 기념하는 데 그치는 것이 아니라, 지금 그리스도와 연합하고 지금 그리스도의 은혜를 나누어 가질 수 있음을 말한다. 제자들뿐만 아니라 오늘 성찬에 참여하는 신도들은 그리스도의 몸과 그리스도의 피, 즉 그의 죽음에 동참함으로 얻게 되는 은혜에 참여할 수 있다.

天主教主张变体说，认为圣餐的饼和葡萄酒经过祝谢祷告之后，就真的变成了基督的肉和血。路德宗却主张共在说，认为葡萄酒还是葡萄酒，但是基督却临在于现场当中。加尔文认为当信徒凭着信心领受饼和葡萄酒的时候，基督藉着圣灵的能力与他们同在。在十字架上受死的基督，通过我们的信心与我们结合，即，因着信心和圣灵的能力，基督徒今天得以与基督联合。

图195 圣餐材料

图196 圣餐材料

图197 一个饼，一个身体

圣餐指示了与耶稣基督的联合的同时与信徒之间的联合。哥林多前书11章17-34节里面所描写的初期教会的形象，很分明地告诉了我们圣晚餐明确是共同体的活动。保罗说："我们虽多，仍是一个饼，一个身体，因为我们都是分受这一个饼"（林前10:17）。所有的信徒都分一个饼，就是基督身体的一部分，是教会的肢体。因此，某些教会的举行圣餐的方式是，将圣餐桌放在教堂的中央，让信徒围绕这桌子跪接受饼和葡萄酒。而且，每个人都得到饼和葡萄酒拿在手上，然后大家一起领用，以此来表达一体的感觉。

천주교에서는 성찬식 때 먹고 마시는 떡과 포도주가 축사의 기도와 함께 그리스도의 살과 피로 물리적인 변화를 이룬다(變體說)고 믿는다. 또 루터교에서는 떡과 포도주는 그대로 있지만 그리스도께서 그 현장에 임재한다(共在說)고 믿는다. 그러나 칼빈은 떡과 포도주를 믿음으로 받을 때 그리스도께서 성령의 능력으로 함께 하신다고 보았다. 십자가 죽음을 당한 그리스도가 믿음을 통해 우리와 결합된다는 것이다. 즉 믿음과 성령의 능력으로 그리스도인들은 오늘 예수 그리스도와 연합하게 된다.

성찬은 예수 그리스도와의 연합과 동시에 신도들과의 연합을 지시한다. 고린도전서 11장 17-34에 나오는 초대교회의 모습은 성만찬이 분명하게 공동체의 활동인 것을 말해준다. 바울은 "떡이 하나요 많은 우리가 한 몸이니 이는 우리가 다 한 떡에 참예함이라" (고전 10:17)고 말한다. 모든 신도들은 동일한 떡을 나누어 먹는, 그리스도의 몸의 일부요 교회의 지체이다. 그래서 어떤 교회에서는 성찬탁자를 교회당의 중앙에 놓고, 교우들이 탁자 주위로 모여 무릎을 꿇고 떡과 포도주를 받아서 먹고 마시는 형태로 성찬을 진행한다. 또는 떡과 포도주를 한 사람씩 받아 들고 있다가 모두 한꺼번에 먹고 마시는 식으로 일체감을 표현하기도 한다.

图198 圣餐讲道

图199 分给信徒的杯

圣餐的进行大概分为三个阶段，第一是预备阶段，这一阶段是真诚忏悔过去过失和对新生活期盼的阶段。对神通过耶稣所赐下的怜悯的信心，可以说是对他的死和他对世人的爱的感恩之心。这时只有预备了与神和好、与邻舍和好的心，才算是作好领圣餐的准备了。如果不用真诚悔改的信心，渴慕基督的恩典，没有充满爱心的准备的话，就不能妄自走到圣餐桌前领圣餐。　第二阶段是分圣餐的阶段。这阶段是用感谢和分别为圣的祷告开始的。祷告应含有‘神差他的爱子来到世上，在十字架上受死，成为完全的赎罪祭’的内容。分圣餐是按如下顺序进行的，首先把“饼”和“杯”“举”起来，“祝谢”之后，“掰开”饼，把饼和杯一起分给信徒。这是对耶稣当年动作的重复。最后一个阶段是背诵主祷文、唱荣耀颂和祝福祷告的阶段。会众们回应基督的牺牲，下决心献身给主。

성찬은 대개 세 단계로 진행된다. 예비단계는, 과거의 잘못에 대해 진심으로 통회하는 마음과 새로운 생활에 대한 열망, 그리스도를 통해 내려오는 하나님의 연민에 대한 믿음, 그 분의 죽으심과 세상을 향한 사랑에 대한 감사의 마음 등이라고 할 수 있다. 이 때 하나님과의 화해와 함께 이웃에 대한 사랑의 마음도 마련되어야 비로소 성찬에 임하는 준비가 이루어졌다고 할 수 있다. 진심으로 회개하고 믿음으로 그리스도의 은혜를 사모하며 사랑의 마음으로 충만하게 준비된 자가 아니면, 함부로 성찬탁자에 나아갈 수 없다. 성찬 분급단계는 감사와 성별의 기도로 시작된다. 여기에는 '하나님께서 사랑하는 아들을 십자가상에서 죽게 하셔서 완전한 속죄제로 삼으신 것' 이 포함된다. 분급은, 떡과 잔을 '들고' , '축사(祝謝)' 한 후에, 떡을 '떼서' , 떡과 잔을 함께 '분급(分給)' 하는 식으로 진행하는데, 이것은 예수님의 동작을 반복하는 형식이다. 마지막 단계는 주기도문, 영광송과 축복기도이다. 회중들이 그리스도의 희생에 대하여 응답하고 헌신을 다짐하는 순서라고 할 수 있을 것이다.

图200 病床前的圣餐

图201 我是生命的饼(约 6:53-58)

耶稣摆设了宴席，邀请税吏和罪人参加。这成了法利赛人和文士们反对和非议的主要原因，耶稣与被社会遗弃的人一起吃饭、亲密往来，他的行为显示了神的慈悲和大爱。圣餐就是通过与耶稣在餐桌上的交流，来纪念神国的运动，成为在这个地上品尝和实现神国度的起点。在基督的里面合而为一成为弟兄姊妹的圣徒们，围绕在以基督的身体和宝血所预备的圣餐桌旁，向神献上感谢，纪念基督的救赎事工，随着圣灵的邀请，参与到神圣的神国晚餐中，拥有一个相交的时间，然后一起蒙神差派。初期教会在受逼迫时期，基督徒在地下墓穴(Catacomb)里面一起分圣餐以后，一起出去殉道。

예수님은 세리와 죄인들을 초청하여 잔치를 베풀고는 하였다. 이것은 바리새인과 서기관들에게 비난을 받았던 주요한 이유가 되었지만, 버림받은 사람들과 식사의 친교를 나누었던 예수의 모범은 죄인들을 품어 안으시는 하나님의 자비와 사랑을 보여준다. 성만찬은 그와 같은 예수의 식사친교를 통한 하나님나라 운동을 기억나게 하면서, 이 땅에서 그의 나라를 맛보고 이루어가게 하는 출발점이 된다. 그리스도 안에서 하나의 형제자매가 된 성도들은 그리스도의 몸과 피가 마련된 성찬탁자를 중심으로 둘러서서, 하나님께 감사하고 그리스도의 구속사역을 기억하며 성령의 초대를 따라 거룩한 하나님나라의 만찬에 참여하면서 사귐의 시간을 갖고 함께 파송을 받는 것이다. 초대교회의 박해시기에 그리스도인들은 카타콤(Catacomb)에서 함께 성만찬을 나눈 다음 함께 순교의 자리에 나아갔다.

第十二章　基督徒的灵性

有一个官员来找耶稣询问永生之路，这个人说他从小就遵守犹太教的所有诫命，听到这话的耶稣说："你若愿意作完全人，可以去变卖你所有的，分给穷人，就必有财宝在天上，你还要来跟从我"。这让我们想起丢弃一切跟随耶稣的门徒们，从福音书来看，耶稣的门徒放下手中的工作，告别叫人跟随耶稣，基督徒甚至有为了神和神的国守独身。

跟随耶稣生活的个人决断，有时需要付出很大的代价，这影响生活的各个方面。 一个人的价值观、人际关系、生活的优先顺序都会发生变化。耶稣的登山宝训就很好地显示了基督徒这样的生活特点，耶稣在引用了很多律法之后，重新加上了自己的解释。在讲到十诫命中"不可杀人"这一条的时候，耶稣说愤怒也是违背律法的。对于在特定的情况下可以报仇的这一条，耶稣说所有的报复行为都是干犯律法。在爱邻舍的诫命上，耶稣要求还要爱你的仇敌，耶稣的新律法的结论是，你希望别人如何待你，你就如何待人。

图202 青年财主(可 10:17-31)

图203 在客西马尼的祷告(Mantegna)

제12장 그리스도인의 영성

어떤 관원이 예수를 찾아와서 영생의 길을 물었다. 이 사람은 유대교의 모든 계명들을 어려서부터 다 잘 지켰다고 말했다. 그 말을 들은 예수는 "네가 오히려 한 가지 부족한 것이 있으니 네게 있는 것을 다 팔아 가난한 자들을 나눠 주라 그리하면 하늘에서 보화가 네게 있으리라. 그리고 와서 나를 좇으라." 고 말해 주었다. 이것은 모든 것을 버리고 예수를 따랐던 제자들을 기억나게 한다. 복음서를 보면, 예수의 제자들은 하던 일과 가족들을 모두 버리고 예수를 뒤쫓았다. 그리스도인들은 심지어 하나님과 하나님의 나라를 위해 독신을 사모하였다.

예수를 따라 살고자 하는 개인적 결단은 종종 커다란 대가를 요구한다. 그것은 생활의 모든 면에 영향을 미친다. 개인의 가치관, 인간관계, 생활의 우선순위가 달라진다. 산상수훈은 그리스도인 생활의 그와 같은 성격을 잘 보여준다. 예수는 종종 율법을 인용한 후에 자신의 새로운 해석을 덧붙였다. 십계명의 "살인하지 말라" 는 조항을 말하면서, 분노하는 것 역시 율법을 범하는 것이라고 하였다. 특정한 상황에서 복수할 수 있다는 조항은 어떠한 보복행위도 모두 범죄행위라는 이해로 바뀌었다. 이웃사랑의 계명은 자신의 원수까지도 사랑하라는 요구가 되었다. 예수의 새로운 율법은 다른 사람이 그렇게 대해주기를 원하는 만큼 다른 사람을 대접하라는 사랑의 계명으로 결론이 내려졌다.

跟随耶稣乐意与神合而为一的愿望，让基督的门徒们开始有了祈祷、默想和礼拜等属灵生活的训练，耶稣在登山宝训中教导说，你们要进入内屋，关上门，祷告你在暗中的父。祷告是基督徒生活中与神建立关系的最基本的方法，大体上有赞美、感谢、悔改、恳求和中保等部分组成。基督徒通过这样的祷告与神对话，与神同行，使自己的灵性得到训练。所有的祷告最后都以“阿门”结束，这句话的就是“真诚希望如此”之意。

图204 饭前的祷告(Gogh，1882)

图205 祈祷的女孩(未详，19世纪)

예수를 따라 가며 하나님과 하나가 되고자 하는 소망은 그리스도의 제자들로 하여금 기도와 묵상과 예배와 같은 영적 훈련을 발전시키게 하였다. 예수는 산상수훈에서, 골방에 들어가 문을 닫고 어두운 데 계시는 아버지께 기도하라고 가르친다. 기도는 그리스도인의 생활 중에 하나님과의 관계를 만들어 가는 가장 기본적인 방법이다. 대개 찬미와 감사, 회개와 간구, 중보 등으로 이루어지는 기도를 통해 그리스도인은 하나님과 대화하며 동행하는 영적 훈련을 하게 된다. 모든 기도의 마지막은 '아멘'으로 끝나는데, 이 말은 '진심으로 그렇게 되기를 원합니다.'라는 뜻이다.

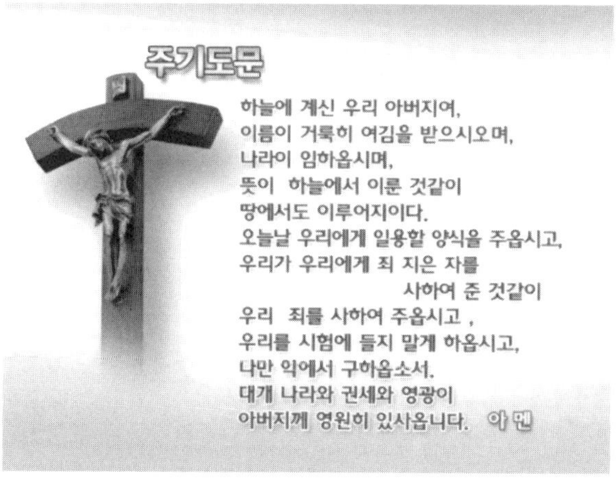

图206 主祷文

耶稣在登山宝训中，用这个《主祷文》(太　6:9-13)作为祷告的典范，主祷文至今仍被全世界所有的基督徒在各地背诵。这是一个不管是在洗礼仪式上，还是在圣餐仪式上，或是在临终的瞬间，都会给人带来很多恩典的祷告文。第一句，耶稣称呼神为“我们在天上的父”，表达出与神非常亲密的关系。在表达了愿这位充满爱的神因他的圣洁得到尊荣之后，接着祷告说愿神的统治实现到这个地上。我们日用的饮食，今日赐给我们的祈求祷告，是我们不愿失去对生命的重视和在神面前的谦卑之心而做的祷告。接下来，是恳求神用恩典来赦免我们的罪，保护我们脱离罪恶。全体上来说，主祷文是“你们首先要求神的国和他的义”(太 6:33)这一登山宝训教导的浓缩。

我们在天上的父，
愿人都尊你的名为圣。
愿你的国降临，
愿你的旨意行在地上，如同行在天上。
我们日用的饮食，今日赐给我们。
免我们的债，如同我们免了人的债。
不叫我们遇见试探，救我们脱离凶恶，
因为国度，权柄，荣耀，全是你的，
直到永远，
阿们。

图207 在耶路撒冷的主祷文教堂

图208 祷告的手(Durer)

예수는 산상수훈을 하는 동안 이 《주기도문》(마 6:9-13)을 통해 기도의 모범을 보여주었다. 주기도문은 오늘날까지도 모든 그리스도인들에 의해 언제 어디서나 애송되고 있으며 특별히 세례예식이나 성찬식, 또는 임종의 순간에 많은 은혜를 끼치는 기도문이다. 첫 마디에서 하나님을 하늘에 계신 '아버지'로 호칭한 것은 예수께서 하나님과의 관계를 아주 친밀하게 표현한 것이다. 그 사랑의 하나님이 거룩한 분으로 영광 받게 되기를 원하는 소원이 있은 후에, 하나님의 통치가 이 땅에서 실현되기를 원하는 소원이 이어지고 있다. 나와 우리 모두가 일용할 양식이 주어지기를 원하는 기도는 생명을 중시하는 마음과 하나님 앞에서의 겸손함을 잃지 않기 위한 소원이 담겨 있다. 이어 죄의 용서와 유혹으로부터의 구원을 가져오시는 하나님의 은총을 간구한다. 전체적으로 주기도문은 "너희는 먼저 그의 나라와 그의 의를 구하라"(마 6:33)는 산상수훈의 가르침을 축약해 보여주고 있다.

很多的基督徒每天都拿出来单独的时间来阅读和默想圣经。默想圣经，会让基督徒的祷告更加深入。天主教或东正教利用圣像和念珠等工具来默想，新教虽然不用这些工具，但使用随教会年历的进展默想圣经的方法，或按照耶稣的行踪默想的方法。基督徒常在每天的清晨或睡觉以前反复默想圣经，藉此，与神有亲密的交流。

图209 念珠

图210 伯大尼的马利亚

默想时间里重要的是，要有像撒母耳说："耶和华啊，请说，仆人敬听"(撒上 3:10)这样的态度，要有伯大尼的马利亚坐在耶稣脚前倾听耶稣的话语的姿态。神通过圣经阐明他的旨意，基督徒用向神祷告的心来读圣经、默想圣经，并铭刻在心版上，训练自己遵守神的话语。通过这样的训练，基督徒的属灵生命力得以成长。因此，顺从的心是最重要的。

图211 翻开的圣经(Gogh，1885)

图212 仁川 国际圣书博物馆展览室

有福音主义背景的教会，常常举办由祷告、赞美和默想的敬拜聚会。是一个在火热的赞美中，心灵受到感动的在席者发声祷告，一起读圣经，唱赞美分享圣经话语的培灵聚会。在这样的培灵聚会中，所有参与者都乐意对圣灵的恩典敞开心门，接受多种多样的恩赐。

많은 그리스도인들은 또한 매일 매일의 생활 가운데 시간을 내어 성경을 읽고 묵상하는 시간을 갖는다. 이와 같은 성경 묵상의 시간은 그리스도인의 기도를 좀 더 깊은 차원으로 심화시켜 준다. 천주교나 동방정교회에서는 성상이나 묵주 같은 도구를 이용하여 묵상을 하고, 개신교에서는 그와 같은 도구를 이용하지는 않지만 교회력에 맞추어서 말씀을 묵상한다든지 예수의 행적에 따라 묵상하는 방법 등을 사용한다. 그리스도인들은 새벽이나 또는 잠자리에 들기 전 이와 같은 묵상을 매일같이 반복함으로써 매일매일 하나님과 친밀하게 교제를 나누게 된다.

묵상의 시간에 중요한 것은 사무엘처럼 "여호와여 말씀하옵소서 주의 종이 듣겠나이다."(삼상 3:10) 라고 말하는 자세이다. 이것은 베다니의 마리아가 예수의 발 앞에 앉아 말씀을 들으려고 했던 모습과 같다. 성경을 통해 당신의 뜻을 열어주시는 하나님을 향해 기도하는 마음으로 성경을 읽고 묵상하고, 나아가서 마음 판에 새겼다가, 그 말씀대로 준행하는 훈련을 통해 그리스도인의 영적 생명력은 자라나게 된다. 그러므로 순종하는 마음이 가장 중요하다.

복음주의 배경을 가진 교회에서는 종종 기도와 찬양, 말씀의 묵상을 집중적으로 배치하는 경배모임을 진행한다. 열정적인 찬양을 하는 가운데, 마음에 감동을 받은 참석자가 소리를 내서 기도하고, 함께 성경을 읽으며 찬송을 하고 성경말씀을 나누는 영성집회인 것이다. 이와 같은 영적 집회는 모든 참석자들이 성령의 은혜를 향해 마음을 열고 다양한 은사를 받아들이려는 노력에서 비롯되었다.

基督徒的属灵生活不仅存在于内心世界，而且还通过美术、音乐、文学和建筑等形式外在地表现出来。初期教会时期，躲在罗马的洞穴里面过信仰生活的基督徒，留下了很多壁画。比如说表示“耶稣基督神的儿子救世主”含义的“鱼(ιχΘυs)”的图案，象征“基督”的牧者，象征“教会”的“船”，象征“永生”的“孔雀”等等。5-6世纪以后，还出现了装饰教会教堂建筑物的圣经故事情节的阴刻画、木版画和刺绣画。中世纪和文艺复兴时期，因为只有教会绘画，所以出现了无数耶稣和圣母马利亚肖像画等有灵感的绘画作品。中世纪以后，利用玻璃的透明感所做的艺术作品，被当作属灵训练的工具，这种方式依然被今天基督教当作表示高尚主题的手段。虽然图画很多时候是表达圣经主题的，但是其表达方式都显示了时代和场所的特征。例如，有些本土作家将耶稣画成东方人的样子，给人一种较为亲近和本色化的属灵含义。

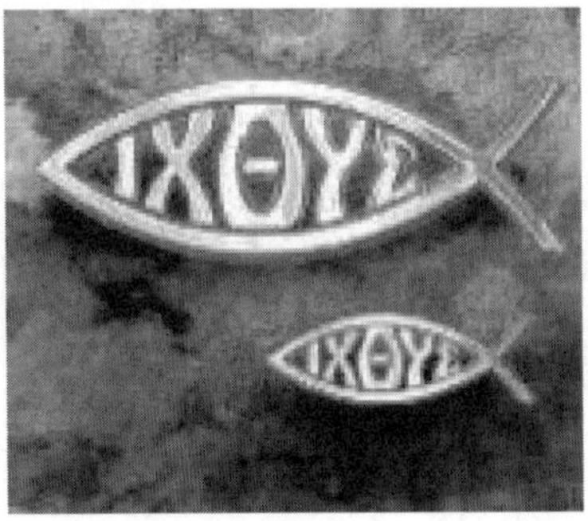

图213 耶稣基督神的儿子救世主

图214 象征永生的孔雀

그리스도인의 영적 생활은 내면세계뿐만 아니라 그림이나 음악, 문학 그리고 건축 등의 영역을 통해 외적으로 표현되기도 한다. 초대교회 때에 로마의 동굴에 피하여 신앙생활을 하는 동안 그리스도인들은 수많은 벽화를 남겨놓았다. 예를 들면 '예수 그리스도 하나님의 아들 구세주'를 의미하는 '물고기' 그림이라든가, '그리스도'를 상징하는 '목자', '교회'를 상징하는 '배', '영생'을 상징하는 '공작' 등이다. 5-6세기 이후에는 성경 속의 장면 등을 담아 교회당 건물을 장식한 암각화(暗刻畵), 그리고 목각화(木刻畵)나 자수화(刺繡畵)도 나타났다. 중세기와 문예부흥시기에는 오직 교회의 회화만이 존재하였기 때문에 예수와 성모 마리아의 초상화 등 영감 있는 그림들이 무수하게 생겨났다. 중세기부터 유리의 투명함을 이용한 미술작품을 영적 훈련의 도구로 사용하고자 노력하였는데, 이것은 오늘날까지도 기독교의 고상한 주제들을 드러내는 방식으로 이용되고 있다. 그림들은 많은 경우 성경의 주제를 다루고 있지만, 그 표현방식은 시대와 장소의 특징을 드러냈다. 예를 들면 예수를 동양인의 모습으로 그림으로써 보다 친근하고 토착화된 영적 의미를 얻고자 시도하는 경우이다.

音乐也是表现基督教灵性的一种重要手段，旧约诗篇里的150首诗，不仅是犹太人在圣殿和会堂里面歌唱的诗，也是从从初期教会开始一直到现在，倍受基督徒喜欢的赞美诗词。中世纪的天主教使用格列高列圣诗吟咏作典礼音乐，那是一种无伴奏的吟咏唱法。10世纪以后出现了大量的赞美诗，教会从此开始使用风琴等乐器，当时多声部音乐兴盛。从文艺复兴时代（Renaissance）开始，又发展起了合唱曲的赞美。16-17世纪出版了赞美诗集，以撒华兹(Issac Watts)所出的第一个英语赞美诗集《Hymns and Spiritual Songs》(1707)，收集了他代表作“奇妙十架”(When I survey the Wondrous Cross)等歌曲。 18世纪的查尔斯 卫斯理(Charles Wesley，1701-1788)对赞美诗的发展有很大的贡献，他一生留下了6,000多首赞美诗，其中有很多歌曲至今还被传唱。

图215 华兹的“奇妙十架”

图216 圣诗班的赞美

음악 역시 기독교의 영성을 드러내는 주요한 수단이 되어 왔다. 구약에 수록된 150편의 시편은 유대교의 성전과 회당에서 읊어졌을 뿐만 아니라, 초대교회 때부터 지금까지 그리스도인들이 가장 사랑하는 찬양의 가사가 되고 있다. 중세기에는 천주교의 전례음악으로 사용된 무반주의 그레고리오 성가가 발달하다가, 10세기 이후에는 엄청난 양의 찬송가들이 출현하였다. 이후 오르간 등 악기가 사용되고, 다성 음악이 발전하였으며, 르네상스시대부터는 합창곡이 발전하였다. 16-17세기에는 찬송집이 출판되었는데, 왓츠(Issac Watts)가 쓴 첫 번째 영어찬송집《Hymns and Spiritual Songs》(1707)이 나왔고, 여기에 그의 대표적 작품인 "주 달려 죽은 십자가"(When I survey the Wondrous Cross)(奇妙十字架) 등이 실렸다. 18세기의 찰스 웨슬리(Charles Wesley, 1701-1788)는 찬송가의 발전에 큰 공헌을 했다. 그는 일생동안 6,000여 곡의 찬송가를 남겼는데, 그 중에는 오늘날까지 불려지는 찬송이 적지 않다.

同一时期，曾是奴隶贩子后来悔改信主的约翰牛顿(John Newton, 1725-1804)为我们留下了著名的 “奇异恩典”(Amazing Grace, how sweet the sound)等歌曲。《用脚谱写我人生的乐章》的作者，在残奥会上得了金牌的莱娜马利亚与她的见证一起播放的赞美诗405章，毫无缺憾其表现了十字架的威力。

图217 牛顿的“奇异恩典”

비슷한 시기에 노예상인이었다가 회개하고 예수를 믿은 존 뉴튼(John Newton, 1725-1804)은 우리에게 잘 알려진 "나 같은 죄인 살리신"(Amazing Grace, how sweet the sound)을 남겼다. 《발로 쓴 내 인생의 악보》의 저자이면서 장애인 올림픽 금메달리스트인 레나 마리아가 간증과 함께 들려주는 찬송가 405장은 그리스도의 십자가가 지니고 있는 위력을 유감없이 보여준다.

在基督教占主要地位的国家，基督教从很早以前就有很多优秀的文学作品。特别是在17-18世纪以前，西方的作家们受基督教的影响很多。13世纪意大利的诗人但丁所写的诗《神曲》，感动了很多人，成为文学史上的一个里程碑。15-16世纪以后，西方世界虽然开始脱离基督教的圈子，但是还有很多基督教世界观的背景，代表人物就是19世纪的作家托尔斯泰和陀思妥耶夫斯基。陀思妥耶夫斯基1821年出生于莫斯科，因早年参加过地下组织，被流放到西伯利亚有十年之久，1866年出版了一部《罪与罚》一举成名，1880年又出版了其代表作长篇小说《卡拉马佐夫兄弟》。他的作品惟妙惟肖地描写了人类在善与恶之间的斗争抉择，体现了俄罗斯东正教的信仰背景。

图218 参观地狱的但丁

图219 托尔斯泰

图220 陀思妥耶夫斯基

기독교가 주요한 지위를 차지하고 있던 나라에서, 기독교는 일찍부터 많은 우수한 문학작품을 출현시켰다. 특히 17-18세기 이전까지 서방의 작가들은 기독교 세계관의 영향을 크게 받았다. 13세기 이태리의 시인이었던 단테(Dante, 1265-1321)는 《신곡(神曲)》을 써서 많은 사람의 마음을 움직이는 문학적 이정표를 세웠다. 15-16세기 이후로 서방세계는 기독교의 울타리를 벗어나기 시작하였지만, 여전히 기독교 세계관을 배경으로 하는 경우가 많았다. 19세기의 대표적인 작가는 톨스토이(Tolstoi, 1828-1910), 도스토예프스키(Dostoevskii, 1821-1881) 등이다. 도스토예프스키는 1821년 모스크바에서 태어났다. 일찍이 지하조직에 가담하였다가 시베리아에서 10년 동안 유배생활을 하였다. 1866년에 《죄와 벌》을 출판하여 큰 명성을 얻었으며, 1880년에는 대표적인 장편소설 《카라마조프가의 형제들》를 출판하였다. 이 작품들은 인간이 선과 악 사이에서 투쟁하는 존재임을 정밀하게 묘사하면서, 러시아정교회의 신앙적 배경을 드러냈다.

最能从视觉上表现基督徒属灵追求的是建筑领域，特别是通过教会建筑，基督徒表达了内在属灵的追求。12世纪法国北部地区兴起的哥特式建筑，其特色精巧的石材构建，高耸直通云霄的外形和宽敞的内厅。从1,100年开始到1,500年，有500多处的大圣堂都是哥特式（Gothic）建筑，建筑家们从中表现了他们对神的绝对信仰。米兰大教堂是具有代表性意义的教堂，1387年就开始建筑，一直盖到19世纪，它是用圆形和等边三角形等复杂的几何学构造连接建成。宗教改革时期暂时停工的教会建筑，到了17-18世纪改成巴洛克的样式。巴洛克样式起源于意大利，后来扩散到欧洲各地，特别在法国和西班牙得到进一步发展。巴洛克式的特征是规模庞大，形式华丽，不拘一格，动感十足。 直到19世纪以后，教会建筑的样式才较为单纯一些。进入20世纪后，教会建筑追求多种多样的材料和现代化技术，追求公用性，特别教会追求的是教会联合、本土化和单纯简洁等等。

图221 哥特式米兰大圣堂

图222 巴洛克式彼得大圣堂的广场

图223 香港道枫山路德教教堂

图224 韩国锦山的ㄱ字教堂

그리스도인의 영적 추구를 가장 시각적으로 드러내는 것은 건축 분야이다. 특히 교회건축의 양식을 통해 그리스도인들은 내면의 영적 추구를 표현해 냈다. 12세기에 프랑스 북부지역에서 시작된 고딕양식은 정교한 석재를 사용하였고, 하늘을 치를 듯 한 외형과 넓은 내부 형태가 특징이다. 1,100년부터 1,500년까지 500여 곳의 대성당을 고딕식으로 건축하면서, 건축가들은 하나님에 대한 절대적인 믿음을 표현하였다. 밀라노 대성당은 대표적인 고딕양식의 성당으로서, 1387년에 시작하여 19세기까지 건축이 계속된 것인데, 원형과 등변삼각형의 복잡한 기하학적 연결구조로 이루어져 있다. 종교개혁시기에 잠잠하였던 교회건축은 17-18세기에 이르러 바로크 양식으로 다시 개화하였다. 이것은 이태리에서 시작되어 전 유럽으로 확대되었는데, 특히 프랑스와 스페인에서 발달하였다. 그 양식은 규모가 크고 화려하며 감각적이고 역동적이며 장식이 풍부한 것이 특징이다. 19세기에 이르러서는 건축양식이 비교적 단순해졌고, 20세기에 들어서는 다양한 재료와 현대화된 기술로 기능적인 면을 추구하였으며, 특히 교회연합이나 토착화, 순수함 등을 추구하였다.

第十三章　基督徒的实践

新约圣经中所显现的耶稣的代表形象是“仆人”，而这正完全了以赛亚书42-43章所预言的仆人的形象。耶稣说：“因为人子来，并不是要受人的服事，乃是要服事人，并且要舍命，作多人的赎价”（可10：45）。他把饼分给饥饿的人们，他医治身体有疾病的人们，他安抚悲痛的人们并成为他们的希望。耶稣又如腓立比书所说的那样“凡倒虚己，取了奴仆的形像”（腓2：7）为门徒们洗脚。

愿意跟随耶稣的基督徒生活，就是一条事奉的道路。耶稣说“父怎样差遣了我，我也照样差遣你们”（约20：21），就是赋予基督徒使命，即事奉之路。正如耶稣称自己是神的仆人，保罗、彼得和雅各也称自己是耶稣基督的仆人，因为他们都是耶稣所救赎的，所以承认自己是属于基督的。因为仆人所行的就是主人所行的，所以属于基督的人，就是遵行基督所喜悦的事奉之道、行服侍世人之路的人。因此，保罗说“我虽是自由的，无人辖管，然而我甘心作了众人的仆人”（林前9：19）。由此可见，因着耶稣的缘故，甘为世人作仆人的人，就是基督徒。

图225 象征圣灵果子的漏斗花

图226 我是主的使女
(Rossetti,1850)

제13장 그리스도인의 실천

신약성경 가운데 나타난 예수의 대표적인 모습은 종의 형상이다. 그러한 형상은 이사야 42장-43장이 보여준 종의 모습이 성취된 것이다. 예수는 "인자의 온 것은 섬김을 받으려 함이 아니라 도리어 섬기려 하고 자기 목숨을 많은 사람의 대속물로 주려 함이니라."(막 10:45)고 말하고 있다. 그는 배고픈 사람들에게 떡을 주었고, 몸이 아픈 사람에게는 치료를 베풀었으며, 아파하고 슬퍼하는 자들에게는 위로와 힘이 되었다. 빌립보서가 말하는 것처럼, "오히려 자기를 비어 종의 형체를 가지고" 제자들의 발을 씻겨 주었다.

오늘날 예수의 뒤를 따르고자 소원하는 그리스도인의 삶은 섬김의 발걸음을 걸어야 한다. "아버지께서 나를 보내신 것 같이 나도 너희를 보내노라"(요 20:21)는 예수의 언급은 그리스도인에게 주시는 사명이요, 곧 섬김의 길을 의미한다. 예수가 하나님의 종이었던 것과 마찬가지로 바울과 베드로와 야고보는 자신들을 가리켜서 예수 그리스도의 종이라고 말한다. 그들 모두는 예수께서 저들을 값 주고 사셨으므로 이제 자신들이 그리스도의 소유임을 인정하였다. 그런데 종은 주인이 하는 것을 행한다. 그러므로 그리스도의 사람은 그리스도가 기뻐 행하는 섬김의 도를 따라, 세상 사람을 섬기는 길을 가는 자이다. 그래서 바울은 "내가 모든 사람에게 자유하였으나 스스로 모든 사람에게 종이 된 것"이라고 말한다. 이제 예수로 인하여 세상 사람을 위해 종 된 사람이 곧 그리스도인이라고 할 수 있다.

过一个基督仆人生活的人，第一个事奉的场所就是家庭。婚姻是神所立的神圣之约，圣经劝勉人们要用安定、互助和恩爱来维护丰盛的家庭生活。我们都出生于一个家庭，在与父母、兄弟、姐妹的关系中成长，后来结婚。神在人生的每阶段，都赋予基督徒为家人应付的不同职责。年轻人虽然要在外面呆逗留很长时间，但绝不能把家庭当作旅馆；成年人也不可以因为自己的社会生活、信仰生活和娱乐生活而忽略了子女和配偶。对家人负责，才是基督徒的家庭生活。

图227 教诲导慈祥的母亲

图228 耶稣的少年时代(Herbert, 1856)

如今，我们时常会耳闻目睹一些支离破碎的家庭状况。基督徒必须为维持家庭的完整做出积极的努力。基督徒的家庭不能让电视成为家庭生活的主导，外出、运动、音乐、演剧、游戏或朗诵等节目都能成为家庭的共同活动。家人一旦外出，要常用电话或写信的方式保持联系。要是儿女结婚成家离开父母，就要惦念年老的父母，要时常回去照料他们。若是家人有不信的，就一定要谦虚祷告，过一个以言行一致的生活，持之以恒地把基督介绍给他们。

그리스도의 종으로 사는 사람들이 첫 번째 섬기는 장소는 가정이다. 혼인은 하나님이 세우신 거룩한 제도이다. 성경은 사람들에게 안정적이고 서로 도우며 사랑이 풍성한 가정생활을 영위하도록 권면한다. 우리는 모두 하나의 가정에서 태어나 부모형제자매와의 관계 속에서 성장하여 결혼한다. 하나님은 인생의 매 단계마다 그리스도의 사람들에게 다른 가족들을 향해 가져야 할 책임을 주셨다. 젊은 사람들은 바깥에서 많은 시간을 보내야 하지만, 가정을 여관처럼 알아서는 곤란하다. 부모들도 자기들의 사회생활, 교회생활, 취미생활을 위해 자녀들이나 배우자를 가볍게 여겨서는 안 된다. 이와 같이 서로에게 책임감 있게 대하는 것이 그리스도인의 가정생활이다.

오늘날 파괴된 가정들을 종종 보게 된다. 그리스도인은 가정이 온전히 유지될 수 있도록 적극적으로 노력한다. 그리스도인의 가정에서는 특히 텔레비전에게 가정생활을 빼앗겨서는 곤란하다. 외출과 운동과 음악과 연극, 오락, 낭송 등의 프로그램이 모두 가정의 공동 활동이 될 수 있다. 가족이 집을 떠나 있을 때도 전화를 하든가 편지를 쓰는 방식으로 자주 연락을 취하며 관계를 유지한다. 자녀들이 가정을 이루어 부모를 떠나게 되면, 그들은 연로한 부모님을 기억하고 종종 보살펴 드린다. 만약 가족 중에 믿지 않는 사람이 있으면, 반드시 겸손하게 기도하면서 언행일치의 삶으로 인내심을 가지고 그리스도를 소개하도록 애쓴다.

第二，基督徒的仆人形象还表现在工作岗位中。工作岗位为我们提供了向同事传基督的机会。在创世记一章，神显现出思考、创造、勤勉和尽职尽责的劳动者形象。神是创造、治理、维护和更新世界的存在，为此，神按照着自己的形象造人，让人作自己的协助者。因此，我们拥有神的形象，并作为协助者与神同工。基督徒通过劳动不仅可以抚养自己的家庭，而且还可以遵照神摄理的原则，为他人生产所需要的，把益处带给与世上的人们。

这在神学上，是以神赋予人类‘管家’职分的视角为基础的。神创造人，并嘱咐人治理一切的生物（创1：26-28）；在创世记2章15节，神又让人治理并看守伊甸园。‘治理’（cultura, colere）这一词是‘文化’（culture）的词源，所以，赋予人类的文化使命就有保护、维持和开发神所赐这自然的涵义。这是人的特权，同时也是人的责任，因此，人所有造就文化的劳动是神圣的。任何劳动都应当得尊重，失业可以看做是被剥夺了与神同工的权利。

图229 好管家

图230 劳动的喜悦

두 번째로 그리스도인의 종된 모습은 일터에서 나타난다. 직장은 동료들에게 그리스도를 전하는 기회이다. 창세기 1장을 보면, 하나님은 생각하고 창조하며 근면하며 책임을 다하는 노동자의 형상으로 나타난다. 하나님은 세계를 창조했고 다스리고 유지하고 갱신하시는 분이다. 이를 위해 하나님은 당신의 형상을 따라 인간을 만드시고 그의 동역자로 삼으셨다. 따라서 우리는 하나님의 형상을 가지고 하나님의 동역자로서 일하는 것이다. 그리스도인은 자신의 노동을 통해 자기 가정을 부양할 뿐만 아니라, 하나님의 섭리를 따라 다른 많은 사람들이 필요한 것을 생산하고 세상 사람들에게 유익을 끼치는 것이다.

이것은 신학적으로 하나님이 인간에게 청지기 직분을 맡겼다는 시각을 바탕으로 삼고 있다. 하나님은 사람을 지으시고 모든 생물을 다스리라고 부탁하셨다.(창 1:26-28) 창 2:15에서는 인간으로 하여금 에덴동산을 다스리며 지키라고 했다. '다스린다'(cultura, colere)는 말은 '문화'(culture)의 어원이다. 그러므로 인간에게 주신 문화명령은 하나님이 주신 자연을 보호 유지하고 개발하는 것을 말한다. 특권이며 동시에 책임인 것이다. 따라서 문화를 만들어내는 인간의 모든 노동은 거룩한 것이다. 어떤 노동이든지 귀하게 다루어져야 하며, 실업은 하나님과 동역하는 권리를 빼앗는 것으로 여겨진다.

第三，基督徒在教会里的事奉。“教会”这一词源于希腊语“εκκλησια (ecclesia)”，原意是“蒙召之人的聚会”。五旬节那天，门徒们体验到复活的主依然与他们同在这一点，这就促成信仰共同体，即教会的诞生。从此，耶稣的“神国运动”就由教会继承衣钵了，基督徒就是为此运动蒙召的人。这意味着教会首先是属于基督的。保罗说，教会之首为基督，而基督的身体则是教会（弗1：22，23）。教会不是属于人的聚会，而是基督治理的，是属于基督的；所有基督徒和全世界的教会都是以基督为首，同为一身体的肢体，都是在这地上彰显基督的证人。所以，教会和基督徒要顺服基督，要照顾软弱的兄弟姐妹，担当继承和见证基督的‘神国’运动的使命。

图231 蒙召的人们

图232 你是基督的肢体

为此，教会设置各个机构，准备各种事工叫人根据各自的恩赐参与事奉，例如，主日学校教师、唱诗班、赞美队、礼拜服务、打扫教堂、插花装饰、圣餐爱餐准备、管理奉献款、探访会友、地域服务和传道队等事工。所有诸类事工都很重要，有了这些事奉者，教会才能正常运转。这些事奉并非单凭平信徒就能完成的，也并非因为新约圣经里规定教训、讲道、教育的职责主要在于教牧者，这些恩赐就只局限于教牧人员身上了。长老、执事等有使命感的平信徒也能担当讲道、主持聚会、中保祷告、探访会友及教育等职责。所以，不能说只有教牧者的工作才是事工（ministry），教会里所有的基督徒，都是用神所赐各样的恩赐，一起事奉和发展基督的身体—教会事工的人。

세 번째로 그리스도인의 섬김은 교회 안에서 이루어진다. 교회는 헬라어로 'εκκλησια(에클레시아)' 라는 말에서 왔는데, 그 뜻은 '부름 받은 사람들의 모임' 이다. 오순절 날 제자들은 부활하신 그 분이 여전히 그들 가운데 계심을 체험하게 되었는데, 그것이 신앙공동체 즉 교회 탄생의 계기가 되었다. 예수의 하나님 나라 운동은 이제 교회를 통해 계승되었고, 그리스도인은 이 운동을 위해 부름 받은 자들이다. 이 말은 무엇보다도 교회가 그리스도에게 속해 있다는 것을 의미한다. 바울은 교회의 머리를 그리스도로, 그리고 그리스도의 몸을 교회로 말하였다.(엡 1:23) 교회는 인간적인 모임이 아니라 그리스도가 다스리는 그리스도의 것이요, 모든 그리스도인과 세계의 교회들이 다 그리스도를 머리로 하는 한 몸의 지체요, 이들이 모두 이 땅에서 그리스도를 드러내는 증언자들이다. 그러므로 그리스도에게 순종하고, 약한 형제자매를 돌아보아야 한다. 나아가서 그리스도께서 소원하셨던 하나님나라 운동을 계승하여 증언하는 사명이 교회와 그리스도인들에게 주어졌다.

이 일들을 감당하기 위해 교회 안에는 여러 가지 기구를 설치하여 각자의 은사를 따라 봉사하는 프로그램이 준비된다. 주일학교 교사가 있고, 성가대, 찬양팀, 예배 도우미, 교회당 청소, 꽃꽂이, 애찬 준비, 헌금 관리, 심방, 지역봉사, 전도팀 등등의 많은 일들이 진행된다. 이 모든 일이 중요하고 그런 봉사자들이 있을 때, 교회는 정상적으로 움직여 간다. 위와 같은 봉사는 평신도들에게만 부여된 일이 아니다. 신약성경에서 주로 목회자에게 교훈과 설교, 교육의 직무가 주어졌다고 해서, 그와 같은 은사가 목회자에게만 있는 것은 아니다. 장로와 집사 등 사명감이 있는 평신도들 역시 설교를 하고, 집회를 인도하며, 중보기도, 심방, 교육 등등을 담당할 수 있다. 그러므로 목회자의 일만 사역(ministry)인 것은 아니다. 교회 안에서 모든 그리스도인들은 각자에게 주어진 다양한 은사를 따라 섬김으로써 그리스도의 몸 된 교회와 그 사역을 함께 발전시켜 나가는 사람들이다.

第四，基督徒是为事奉邻舍而生活的人。所有的基督徒，都是被耶稣差派到这世上的人，基督徒不能只囿于教会的圈子，基督徒既属于信仰圈子又属于世俗社会。所以，基督徒在自己所处的环境中起到光和盐的作用（马5：13-16），像盐一样防止腐坏、调理味道，又像光一样驱逐黑暗、治疗生命，以此来改变社会、传扬基督。为此，教会经常利用圣诞节、复活节等教会节期，组织有益的活动为地区社会服务活动。平时，教会也可以开展建立图书馆、关心老年儿童和残疾人士的活动；也可以设立地区开发委员会与当地社会建立密切协作的关系；也可以以教会身份或基督徒个人身份与教会所处地区的养老院、医院、监狱、环保团体建立义务支援关系。

图233 世上的光(Hunt, 1851-3)

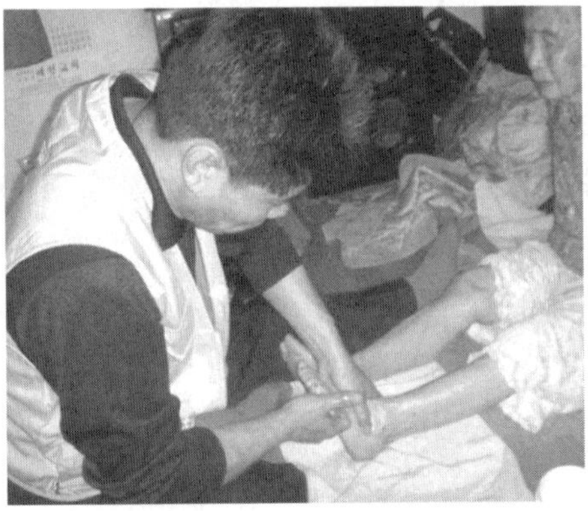

图234 教会的服务活动

네 번째로 그리스도인은 이웃을 위해 섬김의 삶을 사는 사람이다. 모든 그리스도인은 예수에 의해 세상에 보냄을 받은 사람들이다. 그리스도인이 교회 안에 갇혀 사는 것은 아니다. 그리스도인은 신앙의 울타리 안에 있지만 동시에 세속사회에 속하여 있다. 그러므로 그리스도인은 자기가 살고 있는 마을에서 빛과 소금의 역할(마 5:13-16)을 하는 자이다. 소금처럼 부패를 방지하고 맛을 내며, 빛처럼 어두움을 물리치고 치료하며 생명을 일으켜 세움으로써 사회를 바꾸어 내고, 그리스도를 전하는 자들이다. 그리하여 교회는 성탄절, 부활절 등의 절기를 이용하여 종종 지역사회를 위해 의미 있는 봉사활동을 조직하게 된다. 또 평소에도 도서관이나 노인과 소년들을 위한 활동, 장애인을 위한 프로그램을 진행할 수 있고, 지역개발위원회를 두어 지역사회와의 긴밀한 협력관계를 맺을 수 있다. 교회가 속해 있는 지역 내의 양로원, 병원, 감옥, 환경보호단체등과 교회 차원에서 또는 그리스도인 개인적으로 관계를 맺고 봉사할 수도 있다.

最后，要记住基督徒的事奉是面向全世界的职分。受到最近正蓬勃发展的绿色运动的影响，‘一个地球’的意识日益高涨，基督徒是要用对全地球负责任的心来保护它的事奉者。以这样的观点来看，地球上所有人都是邻舍，人类和地球也是一体的。虽然种族和国家、阶级和语言、信仰和宗教各不相同，但是基督徒应该抱有有世界公民的意识，奉献出普遍性的爱心。

图235 和平的象征——橄榄

图236 和平的使徒

基督来到了神如此爱的甚至派独生子要拯救的这个‘世上’，而且复活的主命令“你们要去，使万民作我的门徒”（马28：19）。你若愿意参与其中，可以加入宣教士的行列，也可以参加支援宣教事业的事工。基督徒不仅是传福音的人，而且也是为世界和平、正义、环保服侍的人，同样也是殷勤开发和锻炼自己恩赐，追随基督的人。虽然每个人的能力都不相同，但是当人在神面前尽职尽责时，就会加倍得到一个作为仆人一同参与主人筵席的喜悦。

마지막으로 그리스도인의 봉사는 전 세계를 향한 직분인 것을 기억해야 한다. 최근 발전하고 있는 녹색운동의 영향으로 '하나의 지구' 라고 하는 인식이 높아지고 있다. 그리스도인은 전 지구에 대한 책임감을 가지고 보호하는 봉사자이다. 그런 관점에서 보면 지구상의 모든 사람은 이웃이며, 인간과 지구도 하나이다. 인종과 국가, 계급과 언어, 종교가 다를지라도 세계시민이라고 하는 의식을 가지고 그리스도인은 보편적인 사랑을 베풀 수 있어야 한다.

그리스도는 하나님이 이처럼 사랑하셔서 독생자를 보내 살리고자 한 '세상' 에 오셨다. 그리고 부활하신 주님은 "가서 모든 족속으로 제자를 삼으라" 고 명령했다. 이 일에 동참하기 위해 선교사의 대열에 합류할 수 있고, 또는 선교사역을 지원하는 일에 참여할 수 있다. 그리스도인은 복음을 전하는 일뿐만 아니라, 세계의 평화와 정의, 환경보호를 위해 봉사하는 자이다. 부지런히 자신의 은사를 개발하고 훈련하여 세상을 살리고자 하는 그리스도의 뒤를 좇아가는 자인 것이다. 모두가 다른 능력을 가지고 있지만, 하나님 앞에서 자기에게 주어진 책임을 다할 때, 주인의 잔치에 함께 참여하는 종의 기쁨이 배가될 것이다.

第四部 成为基督徒的道路

제Ⅳ부 그리스도인이 되는 길

第十四章　基督徒的第一步

到此为止，我们在前半部分查考了基督教的诞生和发展过程，并以中国和韩国为主查考了世界基督教的分布和现状。在后半部分，我介绍了基督徒信仰之基础的圣经、信条、节期文化以及一个基督徒从初信到在信仰里的成长、生活的方法等等。虽然尽可能地以基础性内容为主进行概括，但依然有复杂的一面。韩国有句古话，“虽有三斗明珠，不串起来不是宝”，那么，这么多有关基督教和基督徒的知识，到底与我生活有何关系呢？最后我们要提一下这个实际问题。

关于基督教信仰的本质，我们常常有个误解，例如，认为基督教信仰的本质在信条或教义里面。所有宗教都有教义或神学等信仰体系，同样基督教也有使徒信经、尼西亚信经等信条和教义。正如前面所考察，这些信条和教义包含着信仰最基本的内容，所以人们很容易认为，接受这信条的人当然就是基督徒。也有一些人认为基督教的本质在于圣礼，这也是错误的想法。虽然参与如洗礼、圣餐礼拜、祈祷、圣经学习和教会活动等是很重要的，但是还没有达到基督教信仰的本质。当然，基督教的本质不是道德伦理。也有一些人认为基督徒是实践十诫命或登山宝训的高尚人物，这也是理解不足。

제14장 그리스도인의 첫 걸음

지금까지 기독교의 탄생과 발전과정, 중국과 한국을 중심으로 하여 세계 기독교의 분포와 현황을 전반부에서 살펴보았고, 후반부에서는 그리스도인의 신앙적 기초가 되는 성경과 신조 그리고 절기문화, 이어서 그리스도인으로서 출발하여 신앙 안에서 성장하고 생활하는 법 등을 소개하였다. 가능한 기초적인 내용을 중심으로 개괄하였지만, 여전히 복잡한 측면이 있다. 그러나 "구슬이 서 말이라도 꿰어야 보배"라는 말이 있다. 기독교와 그리스도인에 관한 이렇게 많은 지식들이 과연 나의 삶과 무슨 관계가 있는가? 마지막으로 그와 같은 실제적 질문을 해보자.

기독교 신앙의 본질과 관련해서 우리가 종종 오해를 하는 것이 있다. 예를 들면 기독교 신앙의 본질이 신조나 교리에 있다고 생각하는 것이다. 모든 종교에 교리나 신학 등의 믿음 체계가 있고, 기독교에도 사도신경, 니케아신경같은 신조가 있고 교리가 있다. 이미 살펴본대로 이것은 신앙의 가장 기본적인 내용을 포함하고 있다. 그래서 이 신조를 받아들이는 사람이면 당연히 그리스도인이라고 생각한다. 또 어떤 사람은 기독교의 본질을 예전에 둔다. 그러나 이것 역시 잘못이다. 세례와 성찬을 포함해서 예배, 기도, 성경공부, 교회활동 등에 참여하는 것은 중요하지만 기독교 신앙의 본질에는 아직 미치지 못한다. 물론 기독교의 본질이 윤리 도덕인 것도 아니다. 어떤 사람은 십계명이나 산상수훈을 실천해내는 고상한 인물을 그리스도인으로 이해하지만 여전히 부족하다.

那么，何等人才是接近基督教信仰本质的人呢？就是把自己与基督人格化地结合起来的人。耶稣基督是基督教信仰的中心，其余的一切都是暂时附属的。使徒保罗在腓立比书3章中如此讲述说：

> “只是我先前以为与我有益的，我现在因基督都当作有损的。不但如此，我也将万事都当有损的，因我以认识我主基督耶稣为至宝。我为他已经丢弃万事，看作粪土，为要得着基督。并且得以在他里面，不是有自己因律法而得的义，乃是有信基督的义，就是因信神而来的义。使我认识基督，晓得他复活的大能，并且晓得和他一同受苦，效法他的死。”（腓3：7-9）

保罗把与基督的联合看作是最高的价值，为此，保罗直接面对耶稣并建立关系。仅仅得到有关耶稣的知识并不重要，重要的不是了解耶稣的出生、成长过程、职业或教训、行迹、死亡和复活的事实，而是我是否能说我认识他、喜爱他。保罗是抛弃了自己所拥有的一切，家族及教育的背景、宗教的热心等，唯独选择了认识耶稣的知识。什么是对我们生命最为重要的呢？保罗回答说，是认识耶稣的知识。

그러면 어떤 사람이 기독교 신앙의 본질에 근접한 사람인가? 바로 자신과 그리스도를 인격적으로 결합시키는 사람이다. 예수 그리스도가 기독교 신앙의 중심이며, 그 밖의 모든 것은 일단 부수적이다. 바울 사도는 빌립보서 3장에서 이것을 이렇게 표현한다.

> "그러나 무엇이든지 내게 유익하던 것을 내가 그리스도를 위하여 다 해로 여길뿐더러 또한 모든 것을 해로 여김은 내 주 그리스도 예수를 아는 지식이 가장 고상함을 인함이라. 내가 그를 위하여 모든 것을 잃어버리고 배설물로 여김은 그리스도를 얻고 그 안에서 발견되려 함이니 내가 가진 의는 율법에서 난 것이 아니요 오직 그리스도를 믿음으로 말미암은 것이니 곧 믿음으로 하나님께로서 난 의라" (빌 3:7-10)

바울은 그리스도와의 결합을 최고 가치로 삼고 있다. 이를 위해 바울은 직접 예수와 대면하고 관계를 맺는다. 예수에 대한 지식을 얻는 것이 중요하지 않다. 그의 출생과 어린 시절, 직업과 교훈, 사역, 사망과 부활의 사실들에 대해 아는 것이 아니라, 내가 그를 알며 그를 기뻐한다고 말할 수 있는 지가 중요하다. 과거에 그가 가지고 있던 모든 것들, 집안과 교육적 배경, 종교적 열심 등을 모두 버리고, 바울은 예수를 아는 지식을 택하였다. 우리 생명을 위해 가장 중요한 것이 무엇인가? 바울은 예수 아는 지식이라고 말하고 있다.

进而可以说，信仰的本质没有单单停留在认识耶稣层面上，而是在于因信而活。保罗告白说“为要得着基督，并且得以在他里面”，并称“他的义乃是有信基督的义”。想要靠着人的努力满足神的公义，必将失败，相反，籍着基督十字架代赎功劳挺进信仰的方法，却被神所接纳。“神使那无罪的，替我们成为罪，好叫我们在他里面成为神的义。”（林后5：21）卫理公会的创始人约翰卫斯理，1738年5月24日在阿尔德斯卡特大街听《罗马书注解》的序文时，悟出了马丁路德“因信称义”的道理，产生了对基督的信心。在此之前，卫斯理依赖的是自己知识、善行和宗教热心，但从此卫斯理唯独籍着对耶稣基督的信心来到神面前。

信心的结果是顺从。对耶稣基督的信，唤起对耶稣基督的顺从。忠实于信仰本质的基督徒，就能活着以基督为人生之主，把自己生活的各个角落都献给主的生活。在学业、结婚、职业、财产、家庭等所有领域，均能活出认定基督主权的生活。“看哪，我站在门外叩门。若有听见我声音就开门的，我要进到他那里去，我与他，他与我一同坐席。”（启3：20）耶稣已到你心灵的门前叩门，是在邀请你听到声音敞开心灵之门，让你的人生接受他的引导。

图237 耶稣叩门

图238 捕鱼神迹（Witz，1444）

나아가서 신앙의 본질은 예수를 아는 것에서 그치지 아니하고 그에 대한 믿음으로 나아가는 데 있다. 바울은 "그리스도를 얻고 그 안에서 발견되려 한다." 고 하면서 "그의 의가 그리스도를 믿음" 에서 온다고 말한다. 하나님의 공의를 만족시키려는 인간의 노력이 실패할 수밖에 없는 반면에, 그리스도의 십자가 공로에 의지하여 믿음으로 나아가는 방법은 하나님에 의해서 받아들여졌다. "하나님이 죄를 알지도 못하신 자로 우리를 대신하여 죄를 삼으신 것은 우리로 하여금 저의 안에서 하나님의 의가 되게 하려 하심이니라" (고후 5:21) 감리교의 창시자 요한 웨슬리는 1738년 5월 24일 올더스게이트 거리에서 《로마서 주석》 서문을 들으면서 마틴 루터의 "믿음으로 얻는 구원" 의 도리를 깨닫고 그리스도를 향한 믿음이 생겨났다. 그 이전에 웨슬리는 자신의 지식과 선행과 종교적 열심을 의지하였지만, 이제는 오직 예수 그리스도에 대한 믿음으로 하나님께 나아갔다.

믿음은 순종으로 나아간다. 예수 그리스도에 대한 믿음은 예수 그리스도에 대한 순종을 불러일으킨다. 신앙의 본질에 충실한 그리스도인은 그리스도를 인생의 주인으로 모시고 생활의 구석구석을 내어드리는 삶을 살게 된다. 학업과 결혼과 직업, 재산과 가정 모든 부문에서 그리스도의 주권을 인정하는 삶을 살게 되는 것이다. "볼찌어다 내가 문 밖에 서서 두드리노니 누구든지 내 음성을 듣고 문을 열면 내가 그에게로 들어가 그로 더불어 먹고 그는 나로 더불어 먹으리라" (요한 계시록 3:20) 예수는 이미 마음의 문 앞에 와서 문을 두드리고 있다. 그 소리를 듣고 마음의 문을 열고 삶 속에서 그의 인도하심을 받아들이기를 요청하고 있는 것이다.

因此，要想成为基督徒，首先要敞开心灵的大门，迎接已站在门前的耶稣基督到你的心里。信心与是否参加礼拜、领受洗礼、奉读圣经或行施行善等无关，最重要的是基督是否已进入到我的心灵之屋。这样就能能改变你的人生！现在真诚愿意迎接基督到自己心灵里的人，可以做如下的祷告，而且，也可以到就近的教会领受洗礼，得到成长为基督徒的指导。

主耶稣基督，我承认对人对神都犯了罪，我悔改我的自我中心，偏行己路。现在，我相信并基督为我而死，显现出神极大的爱。现在我愿意打开我的心门，接待基督耶稣；愿基督进到我心里作我的救主，洁净我，改变我，让我能籍着神的恩典，与所有的会友一起事奉主，作一个事奉神所爱的世界的人。奉耶稣的名祷告。阿门。

그러므로 그리스도인이 되려면 마음의 문을 열어 그 앞에 와 있는 예수 그리스도를 내 안에 받아들여야 한다. 여기서부터 출발하여 신앙의 더 깊고 넓은 세계로 나아갈 수 있다. 교회를 다니고 세례를 받고 기도를 하고 성경을 읽고 선행을 하는 것들과 상관없이 그리스도가 나의 마음의 방 안에 들어 와 계시는지가 중요하다. 그것이 인생을 바꾼다. 이제 진심으로 그리스도를 마음에 받아들이기 원하는 사람은 다음과 같이 기도할 수 있다. 그리고 가까운 교회를 찾으면 세례를 받고 그리스도인으로 성장할 수 있는 안내를 받을 수 있다.

주 예수 그리스도님, 내가 이기적으로 살았고
하나님과 사람들에게 허물이 있었음을 인정합니다.
이제 그리스도께서 나와 세상의 허물을 대신하여 죽으시고
큰 사랑을 보여 주셨음을 믿고 감사합니다.
지금 내 마음의 문을 열고 그리스도를 받아 들이기를 원합니다.
주님 들어오셔서 나의 구주가 되시고 나를 깨끗하게 하시며 나를 변화시켜 주소서.
주님 주시는 은혜를 따라 모든 교우들과 함께 주님을 섬기게 하시고
하나님이 사랑하시는 세상을 섬기는 사람이 되게 하소서.
예수님의 이름으로 기도합니다. 아멘

중국어와 한국어로 함께 읽는 기독교개론
(中韩双语并读 基督教概论)

인쇄일 | 2009년 2월 20일
발행일 | 2009년 2월 27일

저 자 | 김 병 태(金 柄 兌)

발행인 | 정 순 훈
발행처 | 배재대학교 출판부
우 302-735 대전광역시 서구 연자1길 14
(도마2동 439-6)
Tel (042)520-5312
http://www.paichai.ac.kr/~press

인쇄처 | 학예사
Tel (042)625-1821

ISBN 978-89-6332-005-2 03230

정가 8,000원
파본은 교환해 드립니다.

저자와 협의하여 인지는 생략합니다.